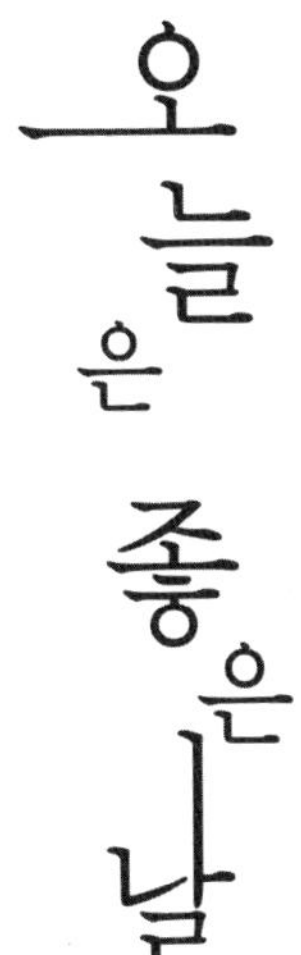

2021년 제23회 전국계간문예지 사화집
오늘은 좋은 날

인쇄 2021. 12. 5 발행 2021. 12. 10
펴낸이 전국계간문예지편집자회의
펴낸곳 리토피아
출판등록 2006. 6. 15. 제2006-12호
주소 21315 인천광역시 부평구 평천로255번길 13
전화 032-883-5356 전송 032-891-5356
홈페이지 www.litopia21.com 전자우편 litopia999@naver.com
ISBN-978-89-6412-155-9 03810

값 12,000원

2021년 제23회 전국계간문예지 사화집

오늘은 좋은 날

다　　층

리토피아

문예연구

미네르바

시와사람

시와정신

열린시학

목차

제1부 전국계간문예지 작품상 수상작(제8회)

제2부 전국계간문예지 작품상 수상작(제7회)

제3부 회원작품

다층

리토피아

문예연구

시와사람

시와정신

열린시학

제1부

제8회 전국계간문예지 작품상

다층	강 순
리토피아	허문태
문예연구	김환중
미네르바	이유정
시와사람	김청수
시와정신	오영미
열린시학	김숙영

다층_수상자

강순

수상작/멈추지 않는 나무 외1편

1998년《현대문학》에 '사춘기' 등으로 등단. 시집『이십 대에는 각시붕어가 산다』,『즐거운 오렌지가 되는 법』등.

수상작

멈추지 않는 나무 외 1편

강순

언젠가부터 밤을 읽는 습관이 생겼어요

사람들이 사라져간 버스 정류장
내가 읽던 가을밤 열두 시의 페이지는 23쪽
지친 얼굴을 목 위에 매단 알바생은
오지 않는 버스를 기다리며
그 페이지에 갇혀 목이 더 길어져

낮 동안 생채기 난 가지들이 위로를 주고받을 때
새들이 떠난 방향으로 병든 잎들
작은 유언도 못 남긴 채 떨어져내려

어지러운 소문을 뒤집어쓰고 도시를 돌아 나온 바람
내가 가진 별난 얘기를 나눠 줄게
한밤의 멱치를 이리저리 흔들이댈 때

당신들이 아직 읽지 않은 오백 권의 시집만큼 뜨거워져

당신들은 심장에 박힌 무지개를 찾아 거리를 헤매고
나는 바람의 문장들 중 몇 개의 별점을 해독하는 중

은하수를 지키는 직녀는 옷감 대신 책장을 넘기며
죽은 새들을 살려내는 주문을 외고 있다네

직녀야 직녀야 네 이야기는 어디에서 다시 시작되니?

슬픔과 희망의 문장들은 일란성쌍둥이 운명
오십삼 페이지 얼룩진 자간에서도 서로를 찾네

정류장에 오래 머무는 실업자의 그림자는
주름진 밤을 뾰족하고 날카롭게 치대었던 냄새가 나

외로운 미물들이 눈물의 이유를 숨기는 이유는
입이 완성되지 않았기 때문이지

따뜻한 입을 갖지 못한 고양이들이 거리를 부유할 때
나는 읽지 못한 수많은 페이지들을 상상해요
사실, 나도 내 페이지를 다 찾아 읽지 못했어요

밤을 읽는다는 건 흔들리고 흔들리는 것
고열 앓는 줄기와 뿌리를 지켜내는 것

당신들의 무관심에 어느 날 내가 다 뽑힐지도 모르겠어요
나의 해독법은 오류일까요?

—2021년 5월 웹진 《시인광장》

연꽃 피는 자세

나의 관심이 온통 내 안의 나를 해독하는 일에 쏠릴 때 연꽃은 하나의 자세가 된다

익숙한 나를 버리는 자세 최선이 아니라 차선을 선택하는 자세 울음보다 더 아픈 건 거짓 미소라는 걸 알아버리는 자세

어떤 자세를 위해 어떤 식물들은 매일 밤 운다네 천둥소리 같은 바늘을 가슴속에 박고 가슴 속을 찌르며 자신을 혼내고 달랜다네

내가 나를 듣기 위해 밤마다 열 개의 귀를 이웃에서 빌려 오듯 내가 내 안으로 들어가기 위해 스무고개 연습을 수도 없이 실패하듯

연잎과 줄기가 연꽃을 우아하게 받치기 위해 진흙 속 뿌리는 매일 밤 몸부림치지 사바세계를 열고 백팔 번을 도망친다네

우리가 상상하는 천국은 너무 광활한 비좁은 세계 우주의 문을 찾다가 못 찾고 밤이슬을 맞으며 다시 침대로 돌아온다네

꽃이 꽃이기 위해 밤마다 백팔 개의 바늘이 필요하듯

뿌리가 뿌리를 감으며 되뇐다네 조금만 더, 조금만 더, 나를 파고들 거야 내 자리를 줘

이생에 태어난 죄로 서로 부둥켜안고 슬픔의 모양을 찌그러뜨리며 서로의 슬픔에 바늘을 꽂아 펑펑 터뜨리는 자세 서로의 겨드랑이를 내어주며

울음은 참는 게 아니라 밤에만 남몰래 하는 거래

새벽이 되었으니 울음을 그치고 미소를 준비하라는 저 목탁 소리

—2020년 겨울호 《시와문화》

선정평

이미지와 의미를 맛깔스레 버무린 시

지난해에 이어 올해도 팬데믹의 영향으로 행사를 못 한 채 제8회 전국계간문예지 우수작품상을 선정한다. 선정 후보로는 다층문학동인 모두가 지난 1년간 발표한 작품 전체를 대상으로 하였다. 올해도 역시 동인들이 워낙 왕성한 창작과 발표를 한 결과, 누적된 작품이 300여 편을 웃돈다.

그 결과 강순 시인의 「연꽃 피는 자세」(《시와문화》 2020년 겨울호)와 「멈추지 않는 나무」(웹진《시인광장》 2021년 5월) 2편을 우수작품으로 선정하는 데 최종 합의하였다. 이미 지면에 발표되어 독자들의 사랑을 받는 작품들이기에 그 우열을 가린다는 것이 모순일 수도 있고, 누가 선정하느냐에 따라 결과가 달라질 수도 있지만, 선정위원들이 다수 추천을 받은 작품으로 선정하였다.

수상작으로 선정한 「멈추지 않는 나무」와 「연꽃 피는 자세」는 오늘 우리들이 사는 모습의 정체성을 탐구하고 있다. 너무나도 평범하고 당연했던 일상이 막연한 희망이 되고, 바람이 되어버린 오늘을 사는 현대인들의 자아정체성을 탐색하고 있다고 생각된다. 두 편 모두 시간적 배경은 '밤'으로 은유되어 있는데, 밤이라는 시간은 사적이고 내면적이고 원초적인 시간이기에 화자의 자아 찾기라는 시적 테마에 걸맞은 설정이라고 보인다.

「멈추지 않는 나무」에서 '어둠'은 예견할 수 없는 앞일과 같이 예측할 수 없는 상태를 비유하는데, 팬데믹 상황에서 불투명한 미래에 대한 불안과 암담한 현실에 대한 탐색이 담겨 있다. 하지만 어둠(혹은 밤)은 부정적인 시간(혹은 대상)이 아닌, 치유와 재생의 시간으로 그려져 있다. 「연꽃 피는 자세」는 불교적 상징으로서의 연꽃(붓다, 大

覺)을 그리는 동시에 어려운 현실을 살아가는 우리들 현대인의 모습을 시적으로 형상화하고 있다.

우수작품으로 선정된 작품 이외에도 수작들이 많았음을 다시한 번 확인할 수 있었다. 1998년《현대문학》을 통해 등단한 이래 워낙 활발한 작품 활동을 해온 강순 시인은 시에 대한 강한 열정을 지니고 있기에 수상을 진심으로 축하드리며, 앞으로 더 큰 시적 성취가 있기를 기대한다./선정위원-김효선, 반연희, 변종태, 임재정, 전형철

수상소감

언어의 초월적 기능에 의지해서

의식 속의 언어는 무의식으로, 무의식의 언어는 환영 혹은 몽환으로 흐른다. 흐르면서 나를 파먹다가 다시 돌아와 나를 더 파먹는다. 언어는 잦아들었다가 솟구쳤다가 말랐다가 똑똑 떨어진다. 나는 벌떡 일어나 언어를 마시다가 뱉었다가 조물조물 주무르다가 다시 꿈을 꾼다.

언어는 매 순간 변형되고 미끄러지고 달아나고 나는 좇아간다. 그러다가 지쳐 쓰러지면 이제 숨바꼭질이다. 언어가 천의 얼굴로 나를 좇아온다. 그러면 나는 쓴다. 쓴다는 행위가 이생에서 할 수 있는 가장 최선의 일인 것처럼.

언어는 오늘도 꿈꾸고 내일도 꿈꾸는 초월에의 길 위에 있다. 영혼을 다 바쳐서 아주 조금만 허락받는 광맥. 그러므로 일상을 비일상으로 만드는 연금술까지 다 제 것인 광활한 세계.

십오 년 가까이 언어에 등을 돌리고 산 여자를 용서하기로 한 것도 언어의 초월적 직능이다. 그리 오래 쉬었다는 건 부끄러운이지만, 부끄러움 이면에는 나만의 언어가 내게 고여 웅성거리는 샘이 하나 생겼다. 그곳에서 언어가 스스로 소용돌이칠 때, 시가 시론이고, 시론이 시가 되어간다. 샘이 흘러 언젠가 격류의 강이 될지도 모른다는 자유로운 상상을 할 때 더 즐겁다. 상상 속의 그 물은 언어가 인간이고 우주임을 표방한다. 고여 썩지 않고 평생 흐를 것을 지향한다.

작은 나의 세계를 들여다보고 응원해 주신 분들, 모두 고맙다.

리토피아_수상자

허문태

수상작/사뿐히 즈려밟고 가시옵소서 외1편

2014년《리토피아》로 등단. 시집『달을 끌고 가는 사내』.『배롱나무꽃이 까르르』. 리토피아 문학상 수상. 계간《아라문학》부주간. 막비시동인.

수상작

사뿐히 즈려밟고 가시옵소서 외 1편

작년 봄 벚나무가 유행에 맞춰 신상을 출시했지만 사람들이 몰려들지 않아 큰 손해를 봤다. 심플한 겨울 디자인에서 벗어나 화사하게 꽃무늬를 놓으면 천리 먼 길도 달려와 한 아름씩 구매해 갔는데, 올봄 월세도 못 냈다.

알다가도 모를 일이 세상일이라는 것을 확실히 안 것만 해도 큰 소득이다. 뭉치면 죽고 흩어지면 산다는 것을 통해 슬픔과 기쁨이 같다는 것을 알았으니 도통할 판이다. 보이지 않는 것을 보이는 것보다 더 환하게 보았으니 심미안이다.

매화도 산수유도 올봄 온라인으로 판매방법을 바꾸었다. 벚꽃도 목련도 조회 수를 늘리느라 생가지를 뚝뚝 부러뜨린다. 비대면 세상에 살아남은 자가 강자라는데 뒷산 진달래는 올봄도 천하태평이다. 작년에도 견뎠는데 올 한해 못 버틸까.

사뿐히 즈려밟고 가시옵소서.

—2021년 봄《미네르바》

노을

노을은 사랑을 정산하라고 내미는 청구서다.
바닷가를 걸으며 그녀가 한 말이다.

다짜고짜 사랑을 정산하라고 하면
늘 하던 대로 조금만 기다리라고 할 수밖에
다짜고짜 노을이 되라고 하면
멍하니 바다만 처다볼 수밖에

가을날 들녘에서 돌아오시는 아버지는 빈 지게에 노을만 가득 지고 오셨다.
한가득 지고 온 노을을 부엌에 쏟아 놓으면 저녁 밥상에도 노을만 그릇마다 가득했다.

아버지의 노을 한 방울이 뚝 코끝에 떨어진다.

이제 그만 일몰이 아닌 노을이 되라 하면
감사하다고 할까.
한 번만 더 기회를 달라고 할까.

바닷가에 앉아 노을을 보고 있다.
이름 모를 검은 새 한 마리 노을 속을 날아간다.
노을에서 진한 지폐 냄새가 난다.

—2020년 가을 《시와정신》

선정평

시의 위의威儀에 대해 다시 생각하는 계기

시가 직접적인 관련을 맺는 것은 항상 소여所與인 그 자체로 '언어'일 뿐이다. 언어를 둘러싼 외곽, 특히 언어 대중이 직접 겪는 현실 상황은 시작詩作에서는 언제나 언어라는 매개를 통과해야만 한다. 다시 말해, 현실을 재현하거나 함축할 수 있는 언어적 정비가 끝난 이후에 본격적인 시작의 장이 열릴 수 있다는 것이다. 물론 반대 방향을 주장할 수도 있다. 시가 압도적 현실을 돌파할 수 있는 구멍, 혹은 흔적을 만들어나가야 한다고. 어느 쪽이든 시작은 결국 현실의 충실한 자기 반영이라는 측면을 인정한다.

허문태 시인은 「노을」을 통해 유년의 경험을 반추케 하는 자연 작용을 자신의 현재로 끌어와 "다짜고짜 사랑을 정산하라고 하면/늘 하던 대로 조금만 기다리라고 할 수밖에/다짜고짜 노을이 되라고 하면/멍하니 바다만 쳐다볼 수밖에" 없다고 고백한다. 어떤 독자는 "노을에서 진한 지폐 냄새가 난다"를 공감하기 힘든 개별 상황에 묶어두고 싶겠지만, 아름다운 현상 앞에서 결핍을 상기하는 것은 오래 훈련된 존재에겐 인지상정과 같다. 시인은 다른 작품, 「사뿐히 즈려밟고 가시옵소서」에서는 전염병이 만연해서 많은 이들이 고통받는 현상과 그 대안으로 제시되는 기법들에 대한 소회를 밝히고 있다. 무엇보다 중요한 점은 시인이 알레고리를 통해 이 사태를 객관화하고자 한다는 점이다. 즉 언어의 힘을 통해 사태에 대한 인식의 폭을 스스로 확장하고자 기도한다.

상은 왜 주는가? '전국계간지작품상'의 전체 취지까지 확장하지 않더라도 《리토피아》는 창간의 방향에 맞춰 시의 진정성과 스스로 발전하고자 하는 열정을 '작품성'의 중요 요소로 본다. 이 원칙적인 기준에 비춰볼 때 허문태 시인의 이번 수상은 오히려 때늦은 감이 있을 뿐이다./장종권, 백인덕, 남태식

수상소감

부족해서 살맛이난다

부족하다. 2% 부족한 것이 아니다. 그 보다 몇 배 더 부족하다. 생긴 것도 부족하고, 가진 것도 부족하고, 생각도 부족하다. 노력도 부족하고, 열정도 부족하고, 사랑도 부족하다. 슬픔도 부족하고. 아픔도 부족하고. 고뇌도 부족하다.

남들보다 부족하지 않은 것이 딱 하나 있다. 술 마시는 것과 노는 거다. 그마저도 술로 병을 얻어 술을 마시지 못하니 그 또한 부족하다.

시도 부족하다. 부족해서 고치고 또 고친다. 문예지에 발표한 시도 부족해서 시집 낼 때 다시 고친다. 시집에 시도 부족해서 다시 고친다. 분명코 부족한 사람이다.

부족한 사람에게 상을 준다. 부족함을 채우라고 상을 준다. 부족함을 채우고 나면 또 얼마나 부족할까? 감사하다. 부족해서 감사하고 부족해서 살맛이 난다.

문예연구_수상자

김환중

수상작/빛 외1편

2016년《문예연구》신인문학상을 받으며 작품활동을 시작했다. 시집『걱정발 구르다 생각코만 하염없이 늘입니다』.

수상작

빛 외 1편

겉돌다가 헛돌다가
한마디 말도 없이 다가옵니다

이리 차이고 저리 차이다가
마음이 부러진 돌부리를 어루만지던 빛은
앙다문 입으로 돌부리의 울음을 틀어막습니다

일그러지고 메마른 마음을 미처 갈아입지 못해
산 입에 거미줄이 쳐진
구멍들에게 다가갑니다

넘쳐나 모자라는 세상
걱정발을 구르다 덜컥,
마지막 집인 듯한
그 지붕마저 뚫렸습니다

군말 없이 끌어안으며
걱정발의 족쇄를 기필코 풀겠다고
빛의 허리가 휘어집니다

슬픔 속에서 익어가는
그의 얼굴이 눈부십니다

피노키오 손가락

눈 내리다 멎은 저녁
눈시울 붉어진 달의 걸음나비가 빨라집니다
세상 막막한 우두커니 가로등에게
눈물샘 마른 흙에게
폐허에서 자란 쓰디쓴 잡초에게
비둘기가 싸놓은 평화의 똥에게
아름다운 거짓말을 위하여
속살 지키느라 결박된 철조망에게
울대를 세우고 달려드는 바람에게
언 손에 흘러내리는 촛불에게
어둠을 끌어다 덮고 있는 바다에게
추위에 떨다 굳어버린 파도의 혀에게
피노키오 손가락이 빨라집니다
썩어 문드러지는 어미 속 같은 나뭇잎에게
고고하게 살다 요절한 동백꽃에게
반란이 없는 심장의 습관에게
굽을 대로 굽은 복종의 허리에게
깨진 거울 들여다보는 마법의 꽃에게
아바타 놀이에 빠진 사이버 낚시꾼에게
오늘의 목을 끌어안은 모든 어제에게
저마다의 언어로 번역되는
아름다운 거짓말을 위하여
피노키오 손가락이 사다리를 만듭니다

선정평

계간 《문예연구》 우수작품상에 김환중 시인의 「빛」과 「피노키오 손가락」 두 편을 선정했다. 2016년 《문예연구》로 등단한 김환중 시인은 그동안 언어의 결을 섬세하게 어루만지는 견결한 시를 써왔다. 그는 언어에 스민 삶의 그늘을 눈썰미 있게 읽어내면서 언어 뒤에 감추어진 침묵을 곧잘 들어왔다. 시 「빛」에서 드러나고 있듯, 그는 "겉돌다가 헛돌다가/한마디 말도 없이 다가"오는 삶의 기척을 온몸으로 감지한 후, 그것을 "군말 없이 끌어안으며" "슬픔 속에서 익어가는" 눈부신 "그의 얼굴"과 자주 마주한다. 그럴 때 그가 마주한 시의 얼굴은 어쩌면 "넘쳐나 모자라는 세상" 그 자체가 아닐까? 그렇게 "마음이 부러진 돌부리를 어루만지던 빛"이 김환중 시인의 영혼으로 쏟아지는 '시'와 다르지 않게 보인다.

「피노키오 손가락」은 김환중 시인의 활달한 언어 감각을 확인할 수 있는 수작이다. 이 작품에는 "눈 내리다 멎은 저녁" 풍경의 다채와 다감이 "저마다의 언어로 번역되는/아름다운 거짓말"처럼 펼쳐져 있다. 그는 "폐허"의 "어둠을 끌어다 덮고 있는" 가로등, 마른 흙, 잡초, 칠조방, 촛불, 동백꽃 같은 대상에서 "저마다의 언어"를 읽어낸 후, "오늘의 목을 끌어안은 모든 어제"를 눈앞으로 소환해낸다. 김환중은 그것들의 "속살"의 비밀을 간파할 줄 알고, "반란이 없는 심장"의 소슬한 욕망을 확인한다. 그리하여 김환중이 내놓은 '피노키오 손가락'은 일상이라는 얼룩 뒤에 감추어진 가장 원초적인 삶의 진실을 향해 겨누어진다.

이렇게 김환중은 정교하게 언어를 재단하고 마름하는 독특한 시 세계를 구축하고 있다. 특히 그의 시는 삶의 거스러미나 언어의 군

더더기 같은 부속물을 동원하지 않고도 시의 세부를 명징하게 드러낼 줄 안다. 여러 번 읽어도 쉽게 흐트러지지 않는 삶과 언어의 결속력도 김환중 시의 장점으로 읽혔다. 우수작품상 수상을 진심으로 축하하며, 독자들이 기다리고 기대하는 시를 계속해서 써갈 것으로 믿는다./문예연구

수상소감

시의 길을 걸으면서 뒷걸음 치며
오래도록 담을 쌓기도 했습니다.
시의 지극함을 모시지 못해
두려웠고 몹시 부끄러웠습니다.

시의 길은 아득하지만
맹목에 빠진 발을 디밀어 보겠습니다.

부족한 저의 시편에 눈길을 주신 심사위원 선생님께 감사드립니다.

미네르바_수상자

이유정

수상작/알 속에 내가 있네 외1편

2017년《미네르바》로 등단. 시집『사랑은 아라베스크 무늬로 일렁인다』, 동시집『사라진 물고기』외, 전영택문학상 등 수상.

수상작

알 속에 내가 있네 외 1편

새알 하나를 들여다보다가
시공간을 벗어나 작은 알 속에 갇히고 말았네

그 알은 우주였네
우주 안에 모래알 같은 알들이 들어 있네 모래알 같은 알 속에는 먼지 같은 알들이 들어 있네 먼지 같은 알은 수십억 년을 걸쳐 생명으로 부활했네

어느 날, 내 몸속 모든 원자가 작은 알 속에서 생을 시작했네 나는 폭발된 알들의 잔여물을 마시고 사네 내가 마신 것은 시조새와 위인들의 일부였네

나는 매일 알 속에서 부활하네 숨을 쉴 때마다 수많은 원자가 몸으로 들어오네 미켈란젤로, 슈베르트, 톨스토이가 내뱉은 숨을 내가 들이마시네

지상에서 반복되는 모든 일
삶과 죽음, 시와 노래, 나의 사소한 일상이 이 작은 알 속에 들어 있네 그 안에 내가 있네

내 머릿속 메모장

저만치
막 허공을 찢고 나온 듯한 여인이
노란 나비처럼 환한 날갯짓하며 온다
좌우를 살펴본다
나밖에 없다

누굴까?
부명 낯익은 얼굴인데
순간 마구 뒤섞이는 메모장
빨간 줄을 그어 놓은 이름은 분명 아니다
오래된 폴더, 희미한 이름들도 더듬어 본다

그녀는 점점 가까워지고
나는 잊어버린 이름을 찾느라 쩔쩔맨다
호명 대신
얼굴 가득 복사꽃 꽃망울을 터트리고 있는 나에게
팔랑팔랑 안기는 그녀

하는 수 없이 메모장을 덮고서
그녀의 기억을 탐색한다
어둠 저편 그녀가 흘려 놓은 단서 하나 포착,
얼른 내 머릿속으로 전송한다
흐트러진 메모장 한 귀퉁이에서

희미한 이름 하나가 재빠르게 재생된다

드디어 내 머릿속 녹슨 기억들이 삐거덕거리며 날아 나온다

선정평

이유정 시인의 작품에서는 바람소리, 새소리, 물소리, 그리고 온갖 벌레소리가 들린다.

나무를 닮고 싶은 시인의 감성은 매우 따뜻하고 소박하다. 그러나 예민한 언어의 기술로 독자를 숲길로, 도시로, 나무 위로, 구름 위로 끌고 다닌다. 이처럼 이 탁한 세상을 시로서 환하게 따뜻하게 만들고 있다. 어둠을 빛으로 만드는 일, 시인의 몫을 하고 있는 것이다.

순연한 아름다움을 미학적으로 형상화하고 완성해 나가는 이유정 시인의 시안에 큰 박수를 보내며./이채민(주간)

수상소감

올여름 시집을 낸 문우께 수제 낙관을 선물하기 위해서 인사동을 찾았다. 다양한 그림과 멋진 글귀가 측면에 새겨진 수많은 도장이 눈에 띄었지만, 나는 '思無邪'라는 글귀를 새겨 달라고 했다.

공자는 "『論語』, 爲政篇, '詩三百, 一言而蔽之曰 思無邪"라고 했는데, 이 뜻은 "시경 삼백 편은 한마디로 생각에 사특함이 없다."라는 뜻이다. 지금은 작고하신 한 시인은 "세상에 시인 하나가 생기면 도둑 하나가 사라진다."라고 자주 피력했다. 시인은 순수한 마음과 바른 생각으로 시를 써야 한다는 말로 공자의 '思無邪'와 뜻이 일치한다.

오랜 습관으로 나는 밤에 시를 써 왔다. 모두가 잠든 밤에 홀로 깨어 있으면 마음속 삿된 생각이 모두 사라진다. '思無邪'를 일부러 실천하려고 노력한 적은 없지만, 시를 쓸 때만큼은 목적이나 의도 없이 자신에게 진실해지고 싶었다. 나에게 시는 내면의 사악함을 없애려는 자기 성찰이었고 간절함을 넘어선 희망이었다. 눈물을 머금은 채 어둡고 깊은 곳에서 걸어 나온 내 시가 수상작으로 뽑힌 이유는, 앞으로 나보다 더 아픈 사람들에게 위안이 되고 희망이 되는 진솔한 시를 쓰라는 뜻일 것이라 여기며, 기쁨보다는 벅찬 무게를 느낀다.

김청수

수상작/불두화佛頭花 외1편

1966년 경북 고령 개실마을 출생. 2005년 시집 『개실마을에 눈이 오면』으로 작품활동 시작. 2014년 《시와 사람》 신인상 수상. 시집 『차 한 잔 하실래요』, 『생의 무게를 저울로 달까』, 『무화과나무가 있는 여관』, 『바람과 달과 고분들』 출간, 〈함시〉, 동인. 창작과의식 문학상, 고령문학상, 대구의 작가상 수상, 고령문인협회 회장.

수상작

불두화佛頭花　외 1편

마당 한 귀퉁이
한 여인이 울고 있어
누구냐고
묻고 싶었으나
조심스러웠다

초록 치마,
비바람에 휩쓸리며
오체투지로 버티고 있었다

허연 머리 풀어 헤치고
고개 숙인 채,
어느 전생의 곡비哭婢 소리는
길을 잃어,
길을 찾고 있었다

초록경草綠經

나무의 몸 안에서
부끄럼 없는
당당함의 물소리

코로나19 사회적 거리두기로
산에 올랐지만
아! 이 허허로움이란

초록은 속살을 밀어내며
경전을 펼쳐 놓고
바람은 자꾸만 내 등을 떠민다

쉰, 다섯 그런 허망의 봄날에는

좌선하듯,
초록경草綠經을 읽는다

김청수 시인은 지금까지 시를 통해 곡진한 삶의 모습을 보여주었다. 특히 불교적 세계관을 형상화시킨 시인으로 평가를 받아왔다.

그럼에도 불구하고 「불두화佛頭花」는 불교라는 특정 종교에 기대어 상상력을 펼친 작품이 아니다. 생김새가 부처의 머리를 닮았다고 해서 '불두화'라고 부르는 꽃의 의미를 넘어 누군가의 죽음에 슬피 울어주는 계집종의 서사를 개입시켜 불두화의 의미를 새롭게 의미화하고 있다.

"마당 한 귀퉁이/한 여인이 울고 있"다고 하며 불두화를 "한 여인"으로 의인화시킴으로써 불두화를 꽃으로만 인식하지 않는 시인의 인식이 참신하고 놀랍다. 또한 불두화의 잎을 "초록치마"로 꽃을 "허연 머리"로 비유하고 형상화시킴으로써 극대화시키는 전략이 치밀하다.

뿐만 아니라 "비바람" "오체투지" "머리 풀어 헤치고" "길을 잃어" "길을 찾고 있었다" 등의 시어와 시적 표현 등을 구사함으로써 '불두화'라는 꽃의 의미역을 확장시키고, 울고 있는 여인이 누구냐고 묻고 싶었지만 조심스러웠나는 능청스러운 진술이 이 작품의 품격과 격조를 높이는데 기여하고 있다.

「초록경草綠經」 역시 시제만 보면 불교적 사유가 깃든 작품으로 이해할 듯 하지만, 이 작품은 불교와는 거리가 먼 상상력을 보여준다. 코로나라는 초유의 전염병으로 인해 팬데믹 시대를 살고 있는 화자가 답답함 때문에 산에 올라 느끼는 '허허로움' 속에서 전염병으로 고달프고 답답하게 살아가는 인간들과는 달리 "부끄럼 없는/당당함의 물소리"를 내는 나무의 의연함을 읽어내고 있다. 더불어 "초록은 속살을 밀어내며/경전을 펼쳐놓"는 나무의 모습에서 화자는 "쉰, 다섯 그런 허망의 봄날"을 맞고 있음의 허무에 빠져 "초록경草綠經을 읽는" 상황을 제시하며 오늘 인간이 처해있는 상황을 아주 극명하게 그려내고 있다./시와사람

시는 길 위에서 태어나 새길을 찾아 나서는 작업이다. 그 추동에 의해 나도 모르는 중력의 힘에 이끌려, 시작詩作에 전념하여 왔다. 홀로 고요히 사색하고 개울가에 앉아서 물이 풀어내는 이야기를 듣다 보면, 햇빛이 꽃에 말을 걸고 있다. 바람의 마음을 읽는 것은 시인의 몫이다. 산새들이 날아와 들려주는 시 한 줄, 이 모든 일들이 생생한 꿈처럼 벌어진다. 나는 시가 오지 않으면, 늘 어머니의 부재를 떠올린다. 그러면 거짓말처럼 시가 떠오른다. 그 슬픔의 시학이 나를 높이 끌어 올려 준다.

돌을 가만히 보고 있으면 그 자체가 고독이다. 아니, 돌 그 자체가 흔들리는 삶이다. 강물에 휩쓸리며 험한 물길의 세월이 지문처럼 찍혀 있다. 나 역시 세파에 휩쓸려 정처 없이, 한 줄 시로 떠돌았다. 손바닥에 물집이 잡혀가며 집 한 칸 장만한 기념으로 달밤에 돌탑을 쌓아 올린 적도 있다. 그렇겠다. 어쩌면 저 돌처럼 그렇게 우리는 또 굴러가야 하는지도 모른다. 돌이 귀한 것은, 외롭게 버틴 상처가 있기 때문일 것이다. 누구나 생의 모서리가 쉽게 부서질 수 있다. 나는 언제나 개울가를 선너는 이웃들의 디딤돌이 되고 싶었다. 아니, 서로의 어깨를 딛고 등을 짚고 함께 일어설 수 있는 그런 탑이 되고 싶다. 돌은 그 존재 자체만으로도 나에게 한 권의 경전이다.

오늘도 폭염이 35도를 오르내린다. 대프리카 사막을 걸으며 맑은 물 봉사를 하러 나간다. 새벽 기운에서 벌써 입추가 서성거리는 것이 느껴진다. 어쩌면 시는 천지사방 속에 내재하여 있는 것은 아닐까. '어디를 가느냐?' 묻지 말자. 시는 오로지 질문으로만 존재하는 방식이다. 목구멍의 길고 긴 줄 하나 붙들고 용케, 시로 견디고 있다. 나의 방랑벽은 밤낮으로 시의 쪽배에 몸을 싣고 떠난다. 아무도 기다리지 않는 그 미로의 길에서, 홀연히 시의 첫 행을 듣는다. 해가 질 때면 산마루에 앉아 어린 날 부재의 시간들을 오래도록 되새김한다. 모든 흘러가는 것은, 느린 물살 속에서 길게 흔적을 낸다. 삶의 무늬는 산그늘처럼 서늘하다. 저녁 강이 깨운 그 어둑한 밤을 나는 질러 왔다. 지천명 근처다. 생이 하루의 단막극같아 편하다. 하여, 욕망의 오르막은 그것대로 좋고, 절망의 내리막은 이것대로 좋다. 오늘도 묵묵히 인생이란 강을 건너간다. 지구에 온 모든 발자취들이 다 그렇게 건너갔듯, 밤하늘 푸른빛을 보며 밥 그릇을 타고 넘어간다. 부족한 작품을 전국계간지 우수작품상에 선정하여주신 심사위원님들게 감사의 말씀을 드린다.

시와정신_수상자

오영미

수상작/언덕 외1편

충남 공주 출생, 2015 계간《시와정신》시로 등단. 2021 격월간《아동문예》동시 등단. 시집『나도 너처럼 오래 걸었어』외 7권. 시선집『에스프레소』『서서 오줌 누는 女子』. 에세이집『그리운 날은 서해로 간다 1, 2』.충남문학 대상 · 작품상, 한남문인상 젊은작가상 수상. (현)서산시인협회 회장.

수상작

언덕 외 1편

언덕, 하고 말하면
저 너머에서 누가 올 것 같다

언덕은 기분을 상쾌하게 하고
꽃들이 하늘거리며 흔들릴 것 같다

느낌표 같은 호수가 보일 것 같고

술 잘 사주는 스님과
술 잘 마시는 여자가

함께 걸어올 것 같은
따옴표로 정지될 것 같은

그래서 너는 기쁨처럼 오고
도둑처럼 슬픔으로 가곤 하는 건가

언덕, 하고 부르면
시간이 구부러질 것 같고
창문이 휠 것 같아

나는 소설을 쓰고
장미는 시를 쓰고

담쟁이는 산문을 쓰지

언덕을 오르면 모네의 그림이 출렁이고

온갖 꽃으로 장식된 말들이
우르르 뒹굴며 꽃멀미 하게 되지

스테파네트의 별

별에도 뼈가 있을까
그렇다면 울퉁불퉁할까
길들여지지 않은 산길은 구불거리지
네모는 세모를 꿈꾸고
동그라미는 별을 꿈꾸지
바다처럼 출렁이고 싶어 하기도 하고
그믐 어느 때는 묘지를 헤매기도 해
뼈 없는 목소리들
밤사이 꽃잎 하나가
내 방을 다녀갔는데 발자국이 없네
돌계단은 별을 기다리고 있는데
뾰족한 바람 불어
눈동자를 흐물거리게 하고
웃음 잘라 헤엄치게 하네
얼음과 불
밤과 낮
여름과 겨울
여자와 남자
물의 질량으로 이질적인 언어를 죽인다
가장 먼 곳에서 반짝이는 별

가장 신비롭게 다가와 하나가 되는 시
시에도 뼈가 있어 아픈걸
나는 나의 타자
일요일의 별이 화요일에 뜨고 있었던 거기

서정시는 대상과 화해할 수 없는 불화에서 시작된다. 그러니 자아 건너편에 있는 대상이나 현실에 주목하게 되고, 그리하여 시인은 그 간극이 무엇인지 추적해 들어가게 된다. 여기서 소위 서정의 열정이 피어나거니와 시인은 그 거리를 이 열정으로 메우려고 한다. 서정의 힘은 이때에 생겨나게 되는데, 오영미 시인의 작품은 이 힘의 원천이 일상 속에서 빠르게 길러지고 있는 경우이다. 오 시인의 시들이 사실감 있고, 또 독자들이 함께 할 수 있는 공유의 지대가 형성되는 것은 바로 이 때문이라고 할 수 있다.

일상의 구체성에서 벗어난 다른 시인의 경우에 시는 꿈과 같은 비현실적 세계를 직정적으로 노래하게 되는데, 이럴 때 서정시들은 대개의 경우, 낭만적 흐름을 띠게 된다. 낭만적 세계에 빠져드는 것은 시를 주관화, 관념화로부터 자유롭지 않게 한다. 훌륭한 서정에도 불구하고 그 서정들이 부유하고 있다는 느낌은 대개 여기서 연유한다.

오영미 시인의 작품들은 사실적, 구체적이라는데 그 특징적인 단면이 있다. 그리고 그러한 시선들은 삶의 외진 구석을 응시하고, 거기서 그들과 함께 정서적 공감대를 구현한다. 시인의 시들이 대중과 호흡하고, 그들로부터 진정성 있는 호소력을 불러일으키게 하는 것은 이 때문이다. 시는 구체적이고 현실적이어야 한다. 그런 면에서 오영미 시인의 작품들은 현장성이 뛰어나다고 하겠다. 우리가 그의 시를 작품상 수상작으로 선정하는 이유가 여기에 있다./김완하, 송기한(글)

수상소감

추석이 보름 앞이다. 달도 차오를 것이다. 비어 있을 때 소리가 요란하다는 말을 한다. 내가 그랬었나 싶다. 그렇다고 지금 조금씩 채워지고 있기는 한 건가? 들판에 곡식이 누렇게 익을 즘 벼는 절로 고개를 숙이고 다시 비울 준비를 한다. 알곡은 인간에게 내어주고 껍데기로 돌아간다. 몇 해 전이었던가. 전국계간지 작품상을 받고 싶었다. 못된 망아지 엉덩이에 뿔 난다는 속담처럼 나는 시인으로서 영글지 못한 채 상에 욕심만 내고 있지 않았던가! 교수님으로부터 싫은 소리를 듣고 더 열심히 詩를 캤다. 캐고 또 캐서 詩를 쌓았다. 아직은 아니라 저만치 물러서 바라만 보던 어느 마지막 날 용기 내어 도전한 것이 의외의 당선으로 다가왔다. 다시 떨리기 시작한다. 가슴이 뛰기 시작했다. 처음 시 지도를 해 주신 정끝별 교수님을 만났고, 지금의 나로 영글게 해 주신 김완하 교수님께 감사드린다. 한 눈팔지 않고 걷게 해 준 가족과 나를 믿고 따라 준 서산 문단의 문인과 제자들 역시 고맙다. 평생 詩와 연애할 수 있어서 참 좋다.

열린시학_수상자

김숙영

수상작/프레임 외1편

2019년《열린시학》으로 등단. 바다문학상 대상 수상.

수상작

프레임 외 1편

어항과 거울의 차이를 생각해요
물고기는 갇혀 있어도 주인공인데
거울은 언제나 2인칭만을 보여줘요
내가 나를 가두는 것만 같아요
그런데 둘이 닮은 점도 있어요
질문들을 쉼 없이 쏟아낸다는 거예요
어항 앞에서 한 질문은
한참 전에 젖어 있고
거울 앞에서 한 질문은
방금 전에 깨졌어요
항상 흔들림을 주시하고 있는 프레임
꿰뚫고 있는 독백의 경계
기어이 뾰족한 모서리를
내밀고 말 거에요
어분 대신 금붕어는
말풍선을 받아 먹고
거울은 내가 모르는
자신감을 내밀어요
앙상한 입술에서
속마음이 반복되는 순간
최초의 의미는 물때처럼
프레임 안쪽에 끼어 있겠죠
나의 은둔엔 환기가 필요해요

기척이 없는데도 센서등이 켜지고
창문의 안과 밖이 이질감으로 들끓을 때
진짜 누군가 와서
한 번쯤 노크해도 좋으련만
예감은 와장창 깨지고 말아요
그땐 몽상이 극단적으로 다가와요
거울을 빠져나온 내가
어항 속에 들어가
실어증을 앓는 물고기가 돼요

— 2020년《열린시학》가을호

소요逍遙

숲과 한 몸이 되고 있다
귀가 열리는 떠들썩한 로맨스
계절 속으로 흘러왔다 빨려 들어갔다를 반복한다
입에서 귀로 귀에서 정수리 밖으로
서서히 밝혀지는 나무들의 서사
밤이면 잠잠해졌다가
태양이 뜨면 우후죽순 피어나는 연애
객관적인 거리와 주관적인 몸짓
가지와 가지 사이 압축과 생략은
하나의 리듬으로 매달린다
우듬지가 어제의 곡선을 딛고 일어서서
고도를 향해 활시위를 당긴다
날마다 허리를 곧추세우며
숲속에선 빽빽한 안부를 묻곤 한다
나무 풀 꽃 바위 흙 새 뱀 곤충 벌레
모두 안녕, 살아있구나
지척을 열어 주는 것만으로도
숲은 대답에 가깝다
내게 유일한 위안은 산책뿐이었을까
광합성 같은 상상도
바지런할 때 다가오는 위태로운 정착도
숲에 다다랐을 때만
신생을 향해 움직인다

속마음을 품은 새들이 다가온다
속삭임이 끝난 자리로부터
다시 긍정이 자라난다
나는 오늘 명랑하게 밀도가 높다
온몸이 숲이라는 장르가 되어 가뿐해진다

— 2020년《열린시학》가을호

선정평

제8회 계간지우수작품상에 김숙영 시인의 「프레임」과 「소요逍遙」를 선정했다. 김숙영 시인의 작품들은 전부 작품성과 미학성을 탁월하게 구현하고 있었다. 발상은 신선했고 언술은 친근했으며 구조는 탄탄했다. 읽는 이에게 공감과 실감, 밀도를 선사해주는 묘한 매력과 힘을 가지고 있다.

「프레임」은 은둔형 화자가 어항과 거울이라는 객관적 상관물을 통해 자신이 가진 결핍과 소외를 암시적으로 형상화한 작품이다. 화자의 상태를 대변하는 건 거울이고 화자의 상태를 더욱 부각시키는 건 물고기다. 둘 다 '프레임' 안에 갇혀 있지만 화자는 타자의 관심과 기척을 원하는 쪽이고 물고기는 자유롭게 헤엄치면서 타자와 상관없이 주인공이 되는 쪽이다. 질문과 독백이 전부 화자의 몫으로만 남게 만든 거울, 한 번도 노크를 들어본 적 없는 방. 그 참담함로부터 달아나기 위해 화자는 끝내 "실어증을 앓는 물고기"가 되고 만다.

「소요逍遙」는 화자가 철저하게 숲과 한 몸이 되는 과정을 섬세하게, 밀도있게 그려낸 작품이다. 어떤 대상과 동일화를 이룸에 있어, 너무나 쉽게 그것이 이루어지는 작품들을 우리는 많이 보아왔다. 그런데 「소요逍遙」는 그런 관습을 깨고 동일화를 미학적 측면까지 끌어올리고 있었다.

수상을 진심으로 축하한다. 앞으로도 계속 개성과 깊이와 '재미'가 함께 있는 시세계를 펼쳐주길 바란다./심사위원: 이지엽, 하린(글)

수상소감

소멸하지 않는 시인이 되기 위해

어릴 때 동네 어귀를 지나 학교로 가는 길목에 크나큰 저수지가 있었습니다. 깊이를 알 수 없는 저수지는 그날의 기후에 따라 물색의 농도가 달랐습니다. 엄마께 야단을 맞은 날이면 어김없이 저수지로 달려가서 위안을 받곤 했습니다. 그런데 엄마가 알츠하이머로 기억을 잃어가면서 내 이름을 끊임없이 부릅니다. 그러던 중 수상 통보를 받았습니다. 눈물이 주르륵 흘렀습니다.

귀한 상을 주신 열린시학 이지엽 주간님, 하린 부주간님께 진심으로 감사드립니다. 긍정의 아이콘 김남규 편집장님께도 고마움을 전합니다. '시클창작특강반' 문우님들께 감사합니다. 잊지 못할 이 영광을 사랑하는 가족들과 함께 나누겠습니다. 더욱 겸손한 시인, 자만하지 않는 시인이 되겠습니다.

제2부

제7회 전국계간문예지 작품상

다층	김상숙
리토피아	정미소
문예연구	박선애
미네르바	박시걸
시와사람	손수진
시와정신	박종영
열린시학	임미리

다층_수상자

김상숙

수상작/염병이라는 사원 외 1편

2003년 시집 『강물 속에 그늘이 있다』로 작품 활동 시작, 시집 『물렁물렁한 벽』, 『대책이 없는 문장입니다 당신은,』, 다층문학 동인.

수상작

염병이라는 사원 외 1편

눈만 뜨면
그 사내가 기르는
무수한 말의 열꽃

발에 차이는 깡통,
코 질질 풀리는 모자 같은

바느질하다 밤에 찔린 손톱 밑
스톱워치 같은

노화된 트럼프의 반복된
하지정맥류 같은

한겨울 내 빨랫줄에 매달린
꽁꽁 언 그네 같은

루비 사파이어 청금 홍옥
타지마할 대리석 묘궁에 새긴
코란의 경구 같은

제 눈 찔러대다 행간에 옮겨붙은
신종 바이러스 숨구멍 같은

끝이 보이지 않는
사막에서
혼자 쉬어가는

애절한 창법 같은

…… 염병할

불러 봐도 없는

새벽 두 시가 범람한다
빗방울이 방울에 목숨 붙이고 있는 시간
내 한 덩치가 바닥에 붙었다 떨어져
가장 왜소해지는 시간
새벽이 심드렁하거나 말거나
한 시는 있었고
세 시도 곧 당도할 터인데
방금은 두 시일까 아닐까
두 시라고 말할 때 진열장 안
불뚝불뚝 온갖 근육 뽐내는 사내를
주홍입술에 엉덩이를 흔들며 월담하는
장미의 교태를 두 시라 부른다
여름에도 부르르 떨고 있는
옥탑방 월세의 압박을 두 시라 부르고
붉은 포도주와 스테이크를
레이이로 주문한 피 묻은 포크를
불러낸 불금을 두 시라 부른다
불곰, 하면 지체 없이 가벼워져 달려오는
남편을 두 시라 부르고
까만 새벽 두 시에 없는 너를
두 시라 부른다

심사평

이미지와 의미를 맛깔스레 버무린 시

第7회 전국계간문예지 우수작품상 후보로는 '다층문학동인' 전체의 지난 1년간 발표 작품 전체를 대상으로 하였다. 동인들의 작품이라고는 하지만, 지난 해 동인들이 워낙 왕성한 창작과 발표를 한 결과, 시집을 발간한 시인이 10명, 누적된 작품이 300여 편에 이른다. 그 중에 왕성한 활동을 한 동인과 그들의 작품들을 중심으로 1차 심사를 하고 우수작품 선정에 들어갔다.

그 결과 김상숙 시인의 「염병이라는 사원」(《다층》 2019년 겨울호) 「불러 봐도 없는」(《시와소금》 2019년 가을호) 2편을 우수작품으로 선정하는 데 최종 합의하였다. 해마다 선정하는 우수작품상이고, 이미 문예지에 발표되어 독자들에게 검증을 받은 작품들이기에 누구의 작품이 좋으냐보다는, 선정하는 사람들이 동의하는 작품 쪽을 선정하기로 하였다. 그러다 보면 자연히 좋은 작품 쪽으로 기울 것이라는 생각에서였다.

수상작으로 선정한 「염병이라는 사원」과 「불러 봐도 없는」은 시적 완성도나 작품성에 있어서 수작이었다. 전자는 제목만 봤을 때는 요즘 팬데믹 증상을 보이는 코로나19에 관한 시일까 싶지만 실상은 진지함에 대한 극적인 반전을 노래하고 있다. '~같은'이라는 연마다의 병치는 무언가 진지한 고민과 사유를 보이는 듯하다. 하지만, 마지막에 터뜨린 '염병할'이라는 한 마디는 우리 사회에 만연해 있는 진지함과 엄숙주의 뒤통수를 통쾌하게 가격한다. 후자는 부재의 대상에 대한 새로운 명명으로 이미지와 의미를 맛깔스레 버무린 시라고 할 수 있겠다. 뿐만 아니라 발표한 모든 작품이 고른 질과 함량들을 유지하고 있다는 것도 김상숙 시인을 계간문예지 우수작품상 수상자로 선정하는 큰 이유이기도 하다./김효선, 반연희, 변종태, 임재정

수상소감

통성기도 하듯 써가는 詩

언제부턴가 쫓기지 않고 천천히 그러나 감각을 놓치지 않고 시를 붙잡으려고 애를 쓰는 중이다. 그렇게 여유를 부리다 보니 게으르게 되고, 시간이나 상황에 끌려다니지 말자던 다짐은 물 건너가고 말았다. 쓰지 않으면 아득히 멀어지게 될 것만 같고, 써야만 한다는 고통을 지팡이 삼아 나를 분해하고 해체하고 착각하게 만드는 이 부질없음이 고맙다.

제7회 전국계간문예지 우수작품상 수상이라니 어색하고 송구스럽다. 따끔따끔 지적하고 따뜻한 시선으로 함께 읽어주는 동인들이 있어 외롭지 않다. 편견이 때로는 분열을 낳고 상처를 주기도 하지만, 다양성을 이끌어가는 관문이기도 하기에 기꺼이 받아들이려 한다. 통성기도 하듯 다시 포용을 하게 되는 까닭이다. 어쩌면 동인들과 함께함이 내가 나를 밀고 가는 힘이 된다. 아직도 갈 길이 멀고, 갈 길을 몰라 헤매는 나에게 행선지를 묻고 다시 시작한다. 용기 주신 글벗들에게 고마움을 전한다.

리토피아_수상자

정미소

수상작/이사의 달인 외 1편

2011년《문학과창작》으로 등단. 시집『구상나무 광배』,『벼락의 꼬리』. 리토피아문학상 수상.
계간 아라문학 부주간. 막비시동인.

수상작

이사의 달인 외 1편

하느님은 이사철도 아닌데 짐을 꾸리라 한다.
너구리 근성이
금싸라기 땅 지구에 붙박이로 눌러앉을까 봐.

어느 해 봄은 오동나무 관값을 올리고
어느 가을은 달동네에 화장터를 들였다.

윤달맞이 안동포 황금수의도
개똥밭 떠나면 그뿐,
등 떠밀려 사는 목숨 세간도 없어요.

층간소음 부르고 장맛비에 침수가 대박입니다.
하느님,
달인이 되었으니 복 한 채 지어주세요.

저울꽃

두타산 중턱의 오래된 암자에는
어머니의 무릎관절이 놓아버린 꽃이
인편에 실려
이름표를 달고 자라고 있다

하늘문 계단을 오르는 아찔한 등 떠밀며
꽃을 보고 오너라
신도증 속에서 꺼내주시는
꽃번호가 땀에 젖어 꾀죄죄하다

법당 안 만개한 꽃밭을 두리번거리며
무릎걸음으로
연잎을 헤치고 탱화의 골짜기를 넘느라
목덜미가 당긴다

가난한 어머니가 사시사철
손금 닳도록 빌어도 모자란 기도가
신중단 부처님 곁에서 일가를 이루어
소원성취 촛불에 피고 있다

용돈을 저울질한 손이 부끄럽다.

심사평

뚜벅뚜벅 산맥을 건너가듯

시가 작아지고 있다. 시의 영토가 한없이 옹색해지고 있다. 목소리의 문제다. 철학적 통찰이나 인간 삶의 현실을 외면하는 시가 많다. 세상은 양면적이다. 빛이 있으면 어둠이 있고, 기쁨이 있으면 슬픔이 있다. 괴로움도 즐거움도 있으며 행복도 불행도 있고 내가 있으며 너도 있다. 문학이, 시가 한쪽만 바라본다면 그건 반쪽짜리다. 의외로 추억의 환기나 얄팍한 감성 자극에 그치고 마는 작품이 많다. 세상의 모든 시가 그래서는 안 될 것이다.

제7회 전국계간문예지 우수작품상에 정미소 시인의 「이사의 달인」, 「저울꽃」을 선정했다. 그의 시는 활달하고 호쾌하다. 종종대지 않는다. 산맥을 건너가듯 뚜벅뚜벅 걸어간다. 투자인지 투기인지, 세상은 부동산 광풍이다. 수도권을 넘어서 온 나라가 난리다. 정치, 경제, 심리, 복합적으로 얽힌 문제임이 틀림없다. 그러나 「이사의 달인」에서 그는 그 무엇도 탓하지 않는다. 원망하거나 징징대지 않는다. "윤달맞이 안동포 황금수의도/개똥밭 떠나면 그뿐", 외면하지 않고 무심한 듯 자신만의 눈으로 현실을 읽어낸다.

김현의 말대로 "문학은 배고픈 거지를 구하지 못한다. 그러나 문학은 그 배고픈 거지가 있다는 것을 추문으로 만들고, 그래서 인간을 억누르는 억압의 정체를 뚜렷이 보여"줘야 한다. 산맥을 넘듯 뚜벅뚜벅 걸어 나가는 그의 화법, 시적 공감을 획득하여 자신만의 세계를 구축할 것이다. 쪼그라든 시의 영토를 확장 시켜 줄 것이다. 수상을 축하한다./장종권, 백인덕, 안성덕

수상소감

아직 독서에 목이 마르다

독일의 시인 헤르만헷세는 신학교를 퇴학한 후, 17세에 튀빙겐의 대학촌 서점에서 점원으로 일을 하였다. 그의 꿈은 문학에 대한 열정이었으며, 시인이 아니면 아무것도 되지 않겠다고 했다. 한때 나의 꿈도 서점의 점원이었다. 동네 만화방에서 '우주소년 아톰'과 '황금박쥐', '의사 까불이', '요괴인간' 시리즈를 섭렵한 후, 책을 더 많이 읽고 싶어서였다. 역 앞에 있는 서점을 기웃거리며, 점원이 되면 책장에 빼곡한 책을 공짜로 읽을 수 있을 거란 생각을 했다.

시를 쓰면서 아직도 목마른 것은 '부족한 독서량'이다.

나에게서 시 쓰기는 슬픔에서 벗어날 수 있는 탈출구이며, 자기검열이며, 세상을 긍정적으로 바라보는 순한 눈이다. 부족한 작품을 선정하여주신 심사위원님들께 감사의 말씀을 드린다./정미소

문예연구_수상자

박선애

수상작/적색 점멸등이 켜졌다 외 1편

2010년 《문예연구》로 등단.

수상작

적색 점멸등이 켜졌다 외 1편

고개를 갸웃하던 그때였으리라
엑스레이 사진을 가까이 끌어당긴 시선에서
벌써 목덜미에 소름이 돋았다

저 아래 어디선가
산수유 벚꽃 목련이 일제히 피었다는 기사가
TV 화면을 채우며 부산하게 봄이 오더니
미세먼지로 뿌옇게 흐린 눈에도
얼어서 뵈지 않던 꽃눈 하나
자꾸만 눈에 밟히고

깜박깜박
불쑥 가슴에 얹혀있던 딱지 속에서
스멀스멀 봄기운이 살아난다고

어둠을 틈타 신호를 무시할까,
손바닥이 촉촉해지면
잠시 쉬었다 가는 것도 괜찮지
몰아쉰 한숨에
산수유 벚꽃 목련이
순서대로 지는 것을 구경하며

염치없다

가가 나에게 염치없다 했다
A가 B에게 염치없다고 했다
그가 그녀에게 염치없다고 했단다
보이지 않는 손가락이
보이는 발가락에게
염치없다고
염치없다고 했단다
잘 자 한마디 던져놓고
맨발로 먼 길 떠난 그녀에게
염치 있다고 말할 자신이 없어
오늘은 나도
정말 염치없다

심사평

시적 긴장의 현재 구축

계간 《문예연구》는 박선애 시인의 「적색 점멸등이 켜졌다」(《문예연구》 2020년 겨울호) 외 1편을 올해의 전국계간문예지 우수작품상으로 선정하였다. 박선애 시인은 시가 인간 영혼의 잠재적 화법이라는 오랜 기율에 충실하면서도 때때로 날렵한 육성으로 시적 긴장의 현재를 구축해왔다. 이러한 작법은 최근 우리 시의 본류를 형성하고 있는 분방한 화술과는 다른 입장을 견지한다. 그의 시는 다변과 달변의 소란에서 비켜서 있고, 산란하는 이미지들의 네트워크에도 간여하지 않는다. 「적색 점멸등이 켜졌다」에서도 확인할 수 있지만, 그의 시는 발화된 언어와 이미지를 발화 이전으로 복귀시키고자 한다. 물론 발화된 것을 거두어들이는 일은 본질적으로 불가능할 것이다. 그렇지만 그것이 가능할 수도 있을 거라는 모종의 고집이 박선애 시인의 시를 견인하는 힘이다.

우수작품으로 선정된 「적색 점멸등이 켜졌다」는 부감법의 한 전형처럼 읽힌다. 알다시피 부감법은 높은 곳에서 비스듬하게 내려다보는 응시의 방법이다. 이러한 작법은 보이는 것들의 구도를 선명하게 드러낼 뿐만 아니라, 적절하게 조절된 응시의 기울기를 통해 보는 자와 보이는 것의 밀도 있는 관계를 만들어낸다. 보는 자와 보이는 것이 만들어내는 관계의 밀도에서 시가 발화하고자 하는 잠재 세계가 개시된다. 그런 점에서 "고개를 갸웃하던 그때" 이 시는 발화되었고, 이때 형성된 시적 응시의 기울기에서 "엑스레이 사진"이 포착되었다. 그럴 때 '갸웃'의 기울기 속에서 돌이킬 수 없다는 자각과 그럼에도 돌이키고 싶어 하는 각오가 충돌한다.

"목덜미에 소름이 돋"는 일이 돌이킬 수 없는 것들에 대한 자각이라면, 2연 이후의 시적 발화들은 시인이 회수하고 싶은 각성된 장면들이다. 그것들은 "엑스레이 사진을 가까이 끌어당긴 시선"에 포착되었고, "미세먼지로 뿌옇게 흐린 눈에도" "자꾸만 눈에 밟히"는 것들이다. 이것들을 삶의 의지라고 해버리면 투박할 수도 있겠다. 그러나 "딱지 속에서/스멀스멀 봄기운이 살아"나는 일은 지금까지 한 번도 건너뛴 적 없는 '갸웃'의 순간이자 삶의 의지다. 그 의지는 "잠시 쉬었다가는 것도 괜찮지"를 통해 삶의 장면을 "고개를 갸웃하던 그때" 이전으로 되돌려 놓는다. 이렇게 박선애 시인은 불가능한 세계를 자신의 잠재 세계로 삼아 현재의 긴장을 구축하는 독특한 화법을 구사한다. 이것이 동시대 우리 시에서 의미 있는 목소리가 되고 있다. /《문예연구》 편집위원회

수상소감

문 두드리는 소리 듣습니다

예기치 않던 자연재해 앞에서 곰이 되어 살았습니다.
가끔은 호랑이의 꿈을 꾸며 내달리고 싶었지만
마늘과 쑥을 먹어가며 날수 세기도 잊을 무렵
문 두드리는 소리를 듣습니다.

동굴은 깊었습니다.
생각처럼 답답하지는 않았지만 헤아릴 수 없는 깊이에
마늘의 알싸한 맛이 위로되었는지도 모릅니다.
그는 참 묘한 매력을 가졌습니다.
안을 허락하지도 않으며 테두리를 벗어나려면
솔깃한 제안을 해옵니다.
무심한 듯 손을 잡고 나가볼까 합니다.
100일이 지났다지요.

모든 이에게 감사합니다.
그러나 그들이 내게 주는 무게는 무겁습니다.
견디어내겠습니다.

미네르바_수상자

박시걸

수상작/ㄴ 길 외 1편

2012년 《심상》으로 등단. 2018년 《월간문학》으로 시조 등단

수상작

ㄴ 길 외 1편

먼 듯한
길

영아실에서
영안실로 가는

그 길
ㄴ이다

숨 나르던 요람도
흙 누르던 신발도
몸 누이던 침상도
마지막 눕는 목관도

다 ㄴ 길로 간다

풀처럼 나서
안개처럼 너풀거리다가
눈처럼 녹아지는

ㄴ 위의 행적

ㄴ

ㄴㄴㄴㄴ

굴절된 시간을 타고
빛의 후미로 날아가는

부러진 길
꺾어진 길에

떨궈진
맥박의 기척

허공에
선 하나 긋고 간다

곱돌찌개

토막 난 이야기들이 돌벽에 갇혀 뒤척인다

대지를 흔들며 한껏 번지던 붉고 푸른 이야기들

생소한 온도로 달려드는 시간의 투정에 몸을 열고

활활 타는 소각의 강에 얼기설기 누워 숨을 고른다

각막을 지난 색색의 이야기들이

나의 두개골 안에서 끓고 있다

심사평

새로운 언어를 갈망하는 영혼

시인이며 시조를 쓰는 박시걸 시인은 현재 미국 캘리포니아 주립대학에서 학생들을 가르치고 있는 교수의 직분만으로도 일상의 삶이 버거울 터인데 시인의 덕목인 즉, 현재의 시점에서 그 너머의 것들을 찾아내는 독립적인 안목으로 많은 불균형에 대처하며 시를 쓰고 있다. 그의 시편에서는 태어나고 죽어가는 生과 死의 운명을 자신만의 언어로 불러내어 결핍의 현재를 거느리고 시간 속으로 여행을 하고 조율한다. 부러지고 꺾어진 삶의 편린들을 마주하는 그 시간들은 그래서 힘들고 버겁다.

자신만의 고유한 방법으로 쓴 수상작 「ㄴ 길」, 「곱돌찌개」 는 정직한 성찰에서 발화하는 독특한 서정으로 긴 여운을 남긴다. 내면의 어둠과 아픔을 창조의 원동력으로 삼는 시인의 시작법에서 무한 가능성을 보며 수상자로 선정하는데 망설임이 없었다.

새로운 이미지는 한 세계를 창조하는 것과 같다고 했다. 삶에서 우러난 진정성을 거머쥐고 새로운 언어를 갈망하는 시인의 영혼이 따뜻하게 때론 격렬함으로 파고든다.

나름의 질서를 가지고 자신만의 존재방식으로 자신만의 색깔을 끌고 가는 박시인이 한국의 시단을 넘어 미국의 시단에서도 모쪼록 우뚝하기를 진심으로 기원하며 응원과 함께 힘찬 박수를 보낸다./이채민 미네르바주간

수상소감

안 보이던 것들이 보인다

천년을 걸어도 멀기만 한 은하수 길, 어둠의 절벽을 끝없이 타고 넘는 밀레니엄 워커들을 본다. 시간의 굽은 허리에 얹혀서 달빛 일그러짐에 마음 졸이고 별빛 펴들거림에 마음 찢기며 응집된 감정들 다 풀지도 못하고 우주 저편으로 훌쩍훌쩍 건너가는 사람들도 본다. 한나절 하늘을 에도는 구름처럼 떠돌다가, 시를 쓰게 되면서 안 보이던 것들이 보인다. 이제껏 걸어온 길이 곧은 줄만 알았는데 굽어 있었고, 길섶에 밀어낸 시간들도 멈춘 줄만 알았는데 가고 있었고, 길바닥에 떨군 언어들도 마른 줄만 알았는데 자라나고 있었다. 아침마다 창가에 다가오는 햇살도 연인의 편지처럼 가슴에 보듬게 되었고, 수목 우거진 숲을 울리는 새들의 지저귐도 하늘의 메시지로 귀를 기울이게 되었고, 밤에 내리는 빗줄기 속에서는 분질러진 인연들이 그 삭아가는 기억의 고리들을 굳어진 바람의 벽에 덕지덕지 걸고 있는 아픔도 보게 되었다. 서머셋 모옴은 시가 문학 최고의 왕관이요 문학이 목표로 하는 정점이며 아름다움과 고상함을 성취하는 인간 정서의 가장 빼어난 활동이라고 하였기에, 시인의 길을 걷는 것만도 영광인데 귀한 상을 수상하게 됨에 큰 활력을 얻는다. 시인으로서 살아갈 눈과 귀를 열어주고 가슴을 일구어준 귀한 만남들에 무한한 감사를 드린다.

시와사람_수상자

손수진

수상작/관매도-우실 외 1편

2005 년《시와사람 》으로 등단. 시집『붉은여우 』,『방울뱀이 운다 』

수상작

관매도 외 1편

—우실

저쪽은 바람의 길이고 신의 길이여

돌담이 이쪽과 저쪽의 경계를 만드는 바람의 언덕
만장도 없이 상여 하나 나간다
할미중드랭이굴을 지나
하늘다리 쪽으로

아가, 아가, 울지 말그라
아무리 애달파도 여그서는 보내야 하는 거여
저쪽은 산사람의 영역이 아니랑게
네가 따라갈 수 있는 길이 아니랑게

하늘 문을 열어달라는 종잡이가 앞장서
망자 대신 마을을 향해 하직인사를 하고
절벽 아래는 파도가 흰 거품을 물고 달려들고
바람이 상두꾼의 허리를 휘어감는다

이 사람들아 정신들 바짝 차리게

앞선 사람이 하늘에 빈다
바람을 재워 주십사
무사히 하늘다리 건너게 해주십사
언덕에 남은 이들도 신에게 손을 모은다

우실을 나간 사람들이 무사히 돌아오게 해주십사

뱃길 백오십리
매화가 아름답다는 섬 관매도
옥황상제가 공기놀이를 하다 떨어뜨렸다는
커다란 꽁돌이 있는 바닷가 언덕
재액도, 역신도 함부로 넘어올 수 없다는 성과 속의 경계

귀얄무늬 분청

거칠고 투박하고 억척같은 가시내
적토에 뿌리내린 양파 같이
매운 근성 지닌 가시내
찻잔도 되고, 주발도 되고
때론 항아리 같이 웅숭깊은 기질을 품은

도공의 딸로 태어난 가시내

시집가는 날
차마 민낯으로 가기 부끄러워
아껴둔 백토 분 손수건에 묻혀
아버지 몰래 얼굴에 찍어 바르고
가마 속으로 걸어들어간
순하고 착한 월선이 그 가시내

흰 물새 한 마리
허공을 가르고 날아간
노을 진 바닷가
열사흘 희미한 낮달로 떠서
봉곳한 아랫배 쓸어내리며
물결무늬로 울던

귀얄무늬 그 가시내

심사평

전통적 서정을 계승

계간《시와사람》은 손수진 시인의 「관매도」(2019년 시산맥 겨울호)와 「귀얄무늬 분청」(2020년 시와사람 여름호)을 올해의 계간지 우수작품상으로 선정한다. 손수진의 작품들은 보기 드물게 서정시의 위의와 본령을 실천한다. 서정시의 전통을 새롭게 발현하는 그의 시는 주로 서사를 이끌어가며 독자친화적인 언어로 쉽게 메시지를 전달하는 능력이 탁월하다.

「관매도」에서는 "저쪽은 바람의 길이고 신의 길"이라고 인간과 신의 경계를 설정한다. 그곳은 "돌담이 이쪽과 저쪽의 경계를 만드는 바람의 언덕"이다. 이렇듯 인간의 영역에서 신의 영역의 경계에선 상여 아래에서 누군가 울지만 산 사람이 갈 수 없는 영역으로 망자가 가야하는 상황이다.

마침내 바람이 잦아들고 망자가 인간의 영역을 벗어나 신의 영역으로 건너간다. 이러한 장례식 전통은 관매도라는 남해섬에서 이어져 왔는 바 시인은 "재액도 역신도 함부로 넘어올 수 없다는 성과 속의 경계"에서 죽음을 공손히게 인식하고 삶과 죽음의 의미를 깊이 통찰한다.

「귀얄무늬 분청」 역시 시인이 사는 무안지방의 분청사기의 전통에서 시적 착상을 하였는바, "거칠고 투박하고 억척같은 가시내"를 귀얄무늬 분청자의 이미지를 차용하여 묘사하였다. 또 다른 시각에서 바라보면 귀얄무늬 분청을 의인화시킨 것으로도 읽을 수 있다. 좋은 시는 다양한 해석이 가능하다. 귀얄무늬 분청자가 어떻게 태어나는지를 형상화한 이 작품은 "도공의 딸로 태어났다"는 시행을 통해 귀얄무늬 분청자의 이미지를 다양하게 그려낼 수 있는 장치가 되고 있다. 그런 까닭에 이 작품의 백미인 "시집가는 날" "가마 속으로 걸어간/순하고 착한 월선이 그 가시내"라는 견고한 정신성과 정서를 얻을 수 있는 것이다.

전통적 서정을 계승하면서 참신하고 개성있는 손수진 시인의 작품은 이른바 미래파 소동 이후 전통적 서정을 노래한 시편들이 낡은 것처럼 치부되는 우리 시단에 의미있는 메시지를 전하고 있다./시와사람 편집위원회

수상소감

좋은 시라면 영혼이라도 팔고싶어

한 때 시에 미쳐 있을 때가 있었다.

미치지 않고는 살 수가 없었다.

밥을 먹을 때도 잠을 잘 때도 심지어 꿈속에까지 시는 나를 따라다녔다.

메모지와 팬을 머리맡에 두고 한 줄의 영감이라도 놓치지 않으려 발버둥칠 때가 있었다.

고전에 남을 시 한 편 쓸 수 있다면 영혼이라도 팔고 싶었다.

그렇게 미쳐 있는 나를 보고 그가 말했다. 가정을 택하든 시를 택하든 둘 중에 하나만 하라고. 나는 가차 없이 시를 택하겠다고 했다. 그 후부터 그는 더 이상 태클을 걸지 않았다.

밤을 새워 시를 쓰던 책을 읽던 관여하지 않았다.

그런데, 그랬던 때가 있었는데 그 팽팽하게 당겨져 있던 현이 점차 느슨해져 가고 있다는 걸 느낄 때, 상하고는 거리가 멀다고만 느꼈었는데 전국계간문예지 우수작품상에 선정 되었다니 감개무량하다. 부족한 시를 선정해 주신 시와시람사에 감사드린다

시와정신_수상자

박종영

수상작/낯선 손님 외 1편

2017년 『시와정신』으로 등단. 시집 『서해에서 길을 잃다』, 『우리 밥 한번 먹어요』. 시와정신회 회장.

수상작

낯선 손님 외 1편

발에도 습지가 있다

습지에는 애벌레가 세 들어 살고
독한 냄새를 풍기는 빈집엔
냄새와 곰팡이가 서식하고 있다

가려움을 습관처럼 여기는 동네에는
항상 외지인들이 들락거렸다
뜯어내도 습기가 차는 벽면

검은 무리들이 포자번식으로 자라고
좁은 벽 틈새를 비집고 녀석들이 크고 있다

벽이 벽을 쓰다듬는다
상처를 치유해주는 의식
껍질은 무르고 질긴 감성을 지녔다

안쪽 깊숙한 곳에 둥지를 틀고
성질 급한 놈들을 유혹한다
긁으면 긁을수록 고약해지는 상처

부스럼처럼 번져나가는 열꽃
충혈된 몸속에도 물관이 있다
가려움은 고통을 동반한 비상사태

붉은 집에는 오래도록 까다로운 손님이 들락거렸다

느린 동네

서걱서걱 갈잎 사이
잘 익은 해 한 덩이
검붉은 목구멍으로 밀어 넣었다

이삭 거둬간 너른 들판
참새 떼 수면을 차고 올라 떼 지어 난다

햇살 무거워 넘어지는 서쪽
철새들 무리 지어 날고
익숙한 풍경만 지워 나가는 촌로

벼이삭 끝없이 펼쳐진 땅
한 뼘 안에 갇혀있다

방조제로 갈라진 수면 위로
물안개 우물거리고
사투리 길게 늘어지는 동네

성긴 결 더듬어 찾아온 이곳
게국지* 참맛에 하루해가 저문다

* 게국지 : 충남 서산 지역에서 절인 배추와 무, 무청 등에 게장 국물이나 젓갈 국물을 넣어 만든 음식.

심사평

새자연과 생명에 대한 사랑

박종영은 2017년에 《시와정신》 신인상으로 등단한 이후 활발한 시작활동을 펼쳐왔다. 그동안 그는 『서해에서 길을 잃다』, 『우리 밥 한번 먹어요』 등 2권의 시집을 출간하였다. 그의 시세계는 선명한 이미지를 바탕으로 구축되는 언어의 미학으로 바라볼 수 있다. 그는 추억 속에 자리하고 있는 정감어린 경험을 시의 출발로 삼는다. 그는 자연적이고 전원적인 소재를 중심으로 시를 전개해감으로써 우리에게는 따듯하고 정감어린 세계를 일깨워주고 있다. 그의 시는 일상의 리얼리티를 통해 사실을 들어내지 않고 그것을 미학적으로 승화시키는 노력으로 나아간다. 그의 시에 엿보이는 자연 속의 시련을 넘어서는 생에 대한 긍정은 무엇보다 웅숭깊은 자연과 생명에 대한 신뢰와 사랑으로 승화되어 나타난다. 박 시인의 이러한 점들을 높이 평가하여 전국계간문예 작품상 수상자로 선정하였다./김완하, 송기한

수상소감

느린 동네에서 서툴게 웃으며 산다

느린 동네에는 느린 사람들이 산다. 느린 동네에서 태어나 느리게 살아왔고, 느림의 미학을 배웠다. 아름다움의 가치가 빠름에 있는 것만이 아니다. 느림의 내면에도 그 나름대로 멋과 꾸밈이 존재하기에 더욱 가치가 있다. 존재론적인 가치 기준을 따지기 전에 요즘 충청도 사람들은 여타 지역 사람들보다 더 빠르고 민첩하다. "아버지 돌 굴러가 유"는 옛말이다. 요즘 충청도 아버지는 재빨리 피하여 저만치 앞서 걸어간다. 그만큼 요즘 아버지는 느리다는 이유를 알기에 수많은 노력을 해왔을 것이다. 영특해지고 재치가 넘친다. 요즘 충청도 아버지들은 돌이 굴러 내릴 것 같은 직감이나 지혜가 앞서 다가올 미래에 미리미리 대비한다는 말이다. 느린 동네에서 느리게 살아왔기에 느리지 않게 보이려고 노력하였으리라. 내 자신도 아버지를 보며 느리다고 핀잔 받는 것이 싫어 더욱 열심히 살아왔고 더 창작에 심취하고 공부하고 있다. 문학의 열정과 문학의 심취에 빠져 하루가 가는 줄도 모르고 사는 삶이 진정한 행복이 아닐까? 느린 동네에서 서툴게 웃으며, 동작이 느린 이웃들과 만나 느린 마음을 서로 나누며, 살아갈 계획이다.

느린 시를 예쁘게 봐 주시고 느린 행로에 손을 잡아주신 심사위원 여러분께 감사 인사 드립니다.

임미리

수상작/탐매探梅 외 1편

2008년《열린시학》으로 등단. 시집으로『물고기자리』,『엄마의 재봉틀』,『그대도 내겐 바람이다』, 수필집『천배의 바람을 품다』등.

수상작

탐매探梅 외1편

계단을 오르니 운선암 뒤편 각시바위에 새겨진 마애여래상, 가슴이 잘린 곳을 왼손으로 감싸고 있는 비운의 여인상, 붉게 물든 사연 바위에 깊이 새겨둔 채, 지금은 어디쯤에서 붉은 꽃 피워내고 있는지 궁금해지네.

암자 모퉁이 보일 듯 말 듯 한 곳에 숨어있는 해우소에 쪼그리고 앉아 마애여래상의 사연 한 자락 모르는 척 버리려 하는데, 문틈 사이로 들어오는 향기에 놀라 눈이 휘둥그레지네. 저 멀리서 홍매화 막 피어나네.

굳이 탐매에 나서지 않아도 되겠다는 설레는 마음을 숨기는 곳이 하필 해우소라 혼자 붉어진 내 마음을 알았을까. 홍매화도 덩달아 붉어지는 이 봄, 명지바람에 휘날리는 꽃잎의 향기도 황송한데 매화는 저만 모르는지 자꾸만 붉은 미소 터트리네.

나는 후다닥 각시바위에 오르네. 살며시 조금씩 피어나는 홍매를 보네. 바람은 등 뒤에서 불어 비운의 사연 한 자락 지워지지 않게 바위에 새기네. 붉은 꽃잎들이 휘날리네. 나는 용기를 내어 여인의 가슴에 얹힌 왼손을 가만히 내려주네.

지극히 몽환적인

빛바랜 담장을 바람이 넘나든다.

진홍빛 겨울장미 한 송이
세상 밖으로 고개를 내밀고
오고 가는 사람들의 눈길을 휘어잡는다.

이 겨울, 너는 어쩌자고
저토록 선명하게 피워 담장을 넘었을까.
따스한 햇살이 겨울도 잊게 하더니
장미의 봉오리를 맺히게 하고
꽃 피우게 하였을 것이다.

내일쯤 찬바람 불어와 눈이라도 내리면
여리고 어여쁜 꽃잎은 얼어붙어
고개를 떨구고 시들 것을 알기에
황홀경도 잠시, 장미의 안위가 걱정된다.

세상을 사는 일도 가끔은
때를 잊고 피어나는 장미처럼
타이밍이 맞지 않아 비현실적일 때가 있다.

몽환적인 표정을 애써 감추며
황홀하게 피어나고 있는 너에게서

구스타프 클림트의 키스란 그림이 연상되어
부드러운 꽃잎이 요동친다.

환상의 세계를 넘나드는 꿈이라도 꾸는 것일까
계절을 잊고 담장을 넘은 장미 한 송이
지극히 몽환적인 설렘을 피워낸다.

심사평

정밀한 관찰과 섬세한 사유 돋보여

제7회 전국계간문예지 우수작품상에 임미리 시인의 작품 「탐매探梅」와 「지극히 몽환적인」을 선정했다. 임미리의 작품들은 자연물에 대한 정밀한 관찰과 섬세한 사유가 돋보였다. 일상적 체험을 아무렇지도 않은 자연물과 결합시켜 비범하게 만드는 감각이 남달랐다.

'일부러 매화 핀 경치를 찾아 구경한다'라는 뜻을 가진 제목의 「탐매探梅」는 '운선암 뒤편 각시바위에 새겨진 마애여래상'의 전설 속 애절한 사연과 화자가 가진 매화에 대한 탐미성이 만나 극적으로 승화된 작품이다. 화자는 봄을 만끽하러 왔기에, 슬픔에 젖기 싫어서 '비운의 여인상'을 애써 모른 척한다. 그런데 해우소 문틈 사이로 홍매화 향기가 찾아와 "혼자 붉어진 내 마음"을 들키고 만다. 전설 속 상처를 안고 있는 유폐된 '붉음'이 싱그럽게 개화된 '붉음'과 만나 미적 반응으로 승화된 것이다. 그로 인해 "여인의 가슴에 얹힌 왼손을 가만히" 내려주는 화자의 행위는 그 자체로 아름다운 치유로 다가온다.

「지극히 몽환적인」은 계절의 질서를 벗어난 겨울 장미의 몽환적인 자태를 통해 화자의 내면에 자리한 에로스적 감수성을 암시적으로 표출한 작품이다. 관습을 깨는 일은 언제나 "여리고 어여쁜 꽃잎"을 얼어붙게 만드는 일처럼 위험한 일이다. 그러나 그것으로 얻어지는 '황홀경'은 너무나 눈부시다. 그런 겨울 장미를 통해 화자는 자신의 몸속에 있는 '꽃잎'이 요동치는 남다른 경험을 하게 되고, 생의 변곡점을 지날 것 같은 예감에 젖게 된다.

이 상은 격려와 바람, 두 가지 의미를 갖는다. 지금까지 보여준 문학적 성과에 대한 격려가 첫 번째고, 앞으로 더 깊이 있는 시세계를 펼치라는 바람이 두 번째이다. 두 가지 의미를 가슴에 잘 새겨서 높은 경지의 미학적 행보를 끊임없이 보여주길 바란다./이지엽 · 하린(글)

수상소감

눈부신 오늘을 소중하게 살아가겠다

노마드적 사유를 붙들고 나무와 숲과 바람과 그의 친구들을 벗 삼아 살고 있습니다. 전국계간문예지 우수작품상 수상을 연락받기 며칠 전에 결혼식장 동선의 타이밍에 걸려 코로나19 검사를 받게 되었습니다. 검사를 하며 농담 사이로 많은 생각들이 스쳤습니다. 우리들이 살고 있는 세상은 코로나19 이전과 이후로 나뉘게 될 것 같습니다.

지금 이 순간의 이전과 이후로 나의 시대도 나뉘게 될 것 같습니다. 사는 일이 참 부질없다는 생각을 많이 했습니다. 목숨처럼 간절했던 순간들이 망각 속으로 사라지고 느슨해진 마음 자락을 덕분에 붙들었습니다.

청보랏빛 산수국이 변하기 쉬운 사람의 마음처럼 지고 있습니다. 이별했으나 이별하지 못한 것들과 떠나보냈으나 떠나보내지 못한 것들을 붙들고 살고 있음을 알게 되었습니다. 참으로 눈부신 오늘을 소중하게 살아가야하겠습니다.

다시 세상으로 발을 내딛으며, 처음처럼 시에게 길을 물으면서 가겠습니다. 감사합니다.

다층

강 순 강중훈 고영숙 곽문연 김나영 김상숙 김순옥
김유빈 남 정 문선정 박현주 반연희 변종태 서정문
석정호 오채원 이광찬 임승환 임재정

온종일 걸었다

강순

해답 없는 질문들을 버겁게 둘러메고
거울 속으로 옷장 속으로 정처 없이 걸었다

문을 부수며 혹은 문을 세우며
벽지 무늬마다 붉은 눈동자를 박으며

죽은 너의 이름 애타게 부르며
우리는 어디에 있지? 찢긴 불경과 성경책을 밟으며

햇빛 안 드는 네 방에 허망하게 널브러진 목숨 일으켜
여기가 아니라면 어디라도 가자
엄마, 심부름을 완수하면 칭찬 쿠폰 백 개 주세요

죽을 힘을 다해 벽을 넘으면 여태 그 자리
네가 평생 건너지 못한 사막은 나의 사막

불을 끄고 벽 속에 들어가 앉았더니
불면증과 거식증에 걸린 낙타가
죽을 때까지 물을 만나지 못한 목마름으로
광폭한 사막에 신음을 토하다
원래 주인 없는 그림자처럼 온몸이 사그라진다

발을 뒤집어 보면 너는 발뒤꿈치가 없네

다리가 삼백육십오 개인 벌레 같은 태양아
우리는 어디쯤 왔니? 바다 위로 솟구치는 청고래를 만날 때까지

도착이라는 말 없는 발바닥이 뭉개지는 말
울음조차 말라가는 오염된 이생에서

무너진 모래집 뒤로하고
고래가 쉬어 가는 섬 방향으로
막막한 그 말을 찾아 두 눈이 벌게지도록
온종일 걷고 또 걸었다

1998년《현대문학》으로 등단. 시집『이십 대에는 각시붕어가 산다』,『즐거운 오렌지가 되는 법』 등.

밤이라는 시간 속으로

강중훈

밤이라는 것에 대해서 사람들은 말을 합니다. 어떤 이는 산속 깊은 곳의 밤나무 열매라고 하는가 하면 또 어떤 이는 젖은 속눈섶 끝에 주렁주렁 매달린 밤이슬이라 하기도 하고 색 바랜 낙엽이 지고 또 지려할 때 마지막 몸부림의 군무群舞 혹은 무희舞姬의 몸짓이라 하더니 끝내는 그 말과 말들을 부정하는 창밖 싸리나무 잎의 흔들림과 함께하는 이별이라고 하였습니다

색 바랜 새벽 달빛과 그 간극을 노리는 반 박자 느린 슬롯머신까지 이별의 그림자로 끌어들여 밤바라기 혹은 이별바라기라고 하는 자본주의와 사회주의의 어중간한 사잇길, 달과 별들 사이에서 우리는 밤과 낮의 시간을 금 가르려 하였습니다

이 시각 한 음절의 바람 소리와 그 음절의 종장 부근에 거꾸로 매달려 휘청거리는 낡은 북의 울림은 홰치는 닭의 울음소리와 함께 잠들지 못한 밤과 새벽의 진리를 찾아 나선 우리들의 푸르스름한 모습이었습니다

시집『가장 눈부시고도 아름다운 자유의지의 실천』,『털두꺼비하늘소의 꿈』,『동굴에서 만난 사람』외. 전 한국문인협회제주도지회장, 국제PEN 한국본부제주지역회장, 계간문예《다층》편집인.

물에서 온 인형

고영숙

웃자란 포만감을 갖고 노는
울음소리가 없는 오늘은
욕조 속 한 점 호흡이 사라진 하늘을 여닫네

욕조 밖은 낯선 바다
오래 웅크려 잠든 너를 깨웠을 텐데
얼굴을 만져볼 수 없는
어딘가 신의 흔적이 있을 거야

시퍼런 들물과 날물의 어디쯤
쉽게 부러지는 흰 국화꽃
숨 쉬지 않는 수평선을 열고
물살을 넘기지 못하고 헐떡이는

몸을 내밀어봐
맡겨진 물빛 생이 아픈
더듬더듬 여린 말문에 아가미가 돋아나
눈에 넣어도 아프지 않은
눈물 같은 비가 내리기를

네가 웃고 있다

네 이름마저 굳어버려
끊겼다 이어지던 가벼운 인사
물 안에서 계속 멀어지는 서늘한 입맞춤

2017년 《제주작가》 신인상. 2020년 《리토피아》로 등단. 시집 『나를낳아 주세요』.

화살나무

곽문연

꽃샘 바람꽃
물오르는 가지마다 시퍼렇다
각을 세우고 날을 벼린
마른 화살촉 아래 새순이 다시 돋는다
알 수 없는 연대기를 지나오는 동안
저 몸속에 난폭한 내가 있을 것이다

지나가는 바람에도 촉을 세우는 화살
모퉁이마다 움터오는 봄살 곁에서
이제 보드랍게 돋아라
폭설에도 묻히지 못한 거친 사연들 녹여
유록黝綠으로 돋아나라

과녁을 관통하라 화살나무여
환각의 노여움 뒤에 서서
녹지 않고 버티는
얼이 썩은 우리네 불화를
수수억년 흘러온 완고한 결빙을

2003년 《문학마을》로 등단, 시집 『단단한 침묵』. 다층 편집동인.

내 이름은 파랗게 일렁이는 발목

김나영

지난여름 기습적 폭우가 한강 산책로를 짓밟고 지나갔다
낭창낭창한 꽃대를 자랑하던 꽃길이 곤죽이 되었다
구청 관리들이 그 자리에서 머리를 맞대고 있을 때
매복하고 있던 야생이 먼저 숟가락을 꽂았다
강아지풀, 돌피, 개밀, 가는털비름, 털빕새귀리가
'인디언 사회에는 잡초라는 말이 없다'는 전언 앞세우고
낡음 낡음한 멜빵바지에 손가락 삐딱하니 찔러 넣고서
동네 건달처럼 짝다리를 짚고서 건들건들 헝글헝글
그 행색이 하나같이 시시하고 껄렁껄렁해 보이지만
트릭이다, 저들은 야생당野生黨이 키우는 비밀병기다
봐라, 강아지풀 외엔 암호 같지 않은가, 저 이름들
화가 폭발하면 아스팔트도 씹어 먹는 녹색 괴물들이다
조명발 한번 받아본 적 없지만 저 분야의 베테랑들이다
끝났다 싶을 때 Coming Soon을 외치고 다시 돌아오는
어디에 던져놔도 누대를 거둬 먹이는 튼실한 흙수저들이다
꽃길 철거 소식에 뒤늦게 합류한 쇠무릎 어르신들
관절 주사까지 두 대씩 짱짱하게 맞고 왔다나
세계는 지금 복고풍의 음악이 유행한다나 뭐라나
다들 모인 기념으로 발바닥 댄스파티부터 열어보자는데
좌우지간 놀란 땅거죽에 다시 생피가 돌겠구먼 그래

1998년 《예술세계》로 등단. 시집 『왼손의 쓸모』, 『수작』, 『나는 아무렇지도 않다』, 편저 『홍난파 수필선집』.

하루살이 꽃

김상숙

가만히 들여다보면 얼굴이지 너도,
눈 코 입 발가락 품은
그러니 꽃이지
피운 꽃잎 하나 없이 흘러내리는 턱받침,
역병이 창궐해서야
이 땅에 세 들어 산다는 걸 깨달았네
태초에 무능한 인간이 되는 거야
흘러내린 빙하가 시위를 하고
쇄빙선이 얼음을 가둬버리면
모든 게 활활 타오르는 섬이고 뭍이고
마치 얼굴이 코와 입술만 있다는 듯
궁금한 뒤통수가 얼어붙은 채
두 눈의 근육을 감지하고 있다는 듯
북극이고 남극이고 태양의 흑점
저 멀리 자욱한
지구의 물음 따윈 없어야 해
뒷산에서 떠오르던 해가 앞산으로 넘어질 수 있게
가만히 안으로 삭히고 귀를 당겨보면
사람이 참꽃인 것처럼 쭈글쭈글
할 일 한 너도 오늘만은 꽃이지
날마다 버려지는 고단한 하루살이 꽃
고이 너를 태워버린다 싹둑, 잘라버린다
음이 소거된다

제발, 세상에 향이 없는 것들 가득하지 않기를

우리들이 빚고 있는 열망과 열망
상처가 낸 길
온몸으로 헤집고 돌아와
피었다지고 또 피었다지고 세상이 활짝 피는
봄의 뿌리들만 뒤엉켜 두서가 없기를

2003년 시집 『강물 속에 그늘이 있다』로 작품활동 시작. 시집 『물렁물렁한 벽』. 인터넷문학신문 〈imoonhak.com〉 편집장.

윤달

김순옥

내 안의 날씨가 너무 어려워

중얼거리는 말을 모아 쌓으면 기다란 목이 되는
목에 쌓아 올린 새 봄을 읽느라 기린은
오늘도 지각이다

빵집 출입문에 喪中이라고 쓰인 흰 종이가 붙었다
우유를 따르던 기린이
어제는 구름을 마시고 싶다고 했는데
벚나무와 목련 사이

불쑥 밀려든 파도가 흩어져
처음부터 다시,

오늘 빵집 앞을 서성이다가
喪中이라고 쓰인 나를 꺼내 술잔에 담아두고
헐거운 신발을 고쳐 신는데
끈이 손에 닿지 않는다

익숙한 듯 익숙하지 않은 기린
아프리카 사바나 어딘가에서 만날 법한
체크무늬 남방을 입은 기린

세상에 없는 노래를 부를 때
매번 겪는 시계 방향인데
죽어 본 적 없는 나는 꽃집 앞을 지나는 기린을 본다

목이 넘치거나 다리가 긴 봄이지
내가 눈치 채지 못하는 부분이야

2017년 〈국제신문〉 신춘문에 당선.

사막의 돌

김유빈

사막은 한때
물의 바닥이었다

움직이는 돌을 보러 갔다
돌 속엔 그 옛날 물결이
아직도 들어있는 것을 보았다
스스로 일렁이고 있었다

신기루 속으로 사라진 바다를 따라
물 냄새를 코에 바르고 찾아가는 길
망령처럼 떠돌던 비늘 한 조각
노을처럼 붉다

돌에게는 가야 할 방향과
의중이 들어 있다는 뜻
다만 바람을 의심하기도 하지만
그건 미약한 부추김이었을 것이다

돌의 경주
돌은 갈 곳을 정하고
저 먼 곳에서 기다리는 방향엔
길의 흔적이 들어있는
화석 한 점 놓아둔다

화석을 끌고 가는 돌의 시간
그것은 돌의 후미이고
바람의 선두이다

2014년《다층》으로 등단. 시집『책이라는 구석』.

입추立秋

남정

구름이 무심히 찍고 간 발자국 위로

햇살이 짧게 허물어진다

정갈한 기억의 파편들

썩지 않을 사랑

내 가슴 깊숙한 곳 흐르다가

빛살 투명하게 박힌다

나뭇잎을 흔들던 바람의 뼈가 둥글게 여문다

1997년 《순수문학》으로 등단. 시집 『지워진 것들은 빗속에 서 있고』.

사과가 지나간 자리

문선정

쥐들이 사각사각 돌아다니는 밤

그녀가 꿈속을 걸어와 음영처럼 속삭이는 말
내 사과를 받아 줄래?
처음엔 쥐들의 발자국 소리인 줄 알고, 번쩍 눈을 떴지

언제였더라, 과일 바구니를 들고 서먹해진 당신을 찾아간 적이 있었지
사과꽃이 후르르 날아다니는 계절이었어
너와 갈라지기 전에 사과나무를 심어 보겠다는 각오는 찢어지고
나는 무엇을 더듬거리다 왔는지

내 사과를 받아 줄래?

잠이 덜 깬 뭉근한 사과를 들고 온 그녀
근데 사과라는 말이 웃겨
야무지게 식탁을 차지한 사과가
이런 고백 같은 사과는 얼마예요?
푸석한 질문을 한다면
나는 어떤 답문을 써야 할까
관계의 중심을 벗어난 사과의 내력을 발설하고 싶지만
삭제된 시간을 애써 복원할 필요가 있을까

깊은 밤 노를 저어 먼 곳을 찾은 당신을 외면하는 일이 잘한 일인지 모르지만
내 머리 위로 거처를 옮긴 쥐들의 낮은 발자국을 닦아내느라
우리 사이에 놓인 사과에 대한 명상은 멀어진다

2014년 《시에》로 등단.

이웃

박현주

키우던 개를 맡아줄 수 있을까요

그녀와 나는 같은 이야기를 알고 갈라진 긴 담을 끼고 같은 벽을 보고

강아지를 지나온 각자의 개가 몸을 털 때마다 각기 다른 곳을 쳐다본다

지친 눈이나 개의 피부를 바꿔 끼울 수는 없어

벚꽃이
눈동자가
죽음이

뭉쳐지는 걸 본다

그녀와 나는 함께 피는 꽃을 보고 떨어지는 벚꽃을 얘기하고 한 손에는

돌아오면 현관 앞에 미리 도착한
없는 혀
문을 닫고 강아지로 돌아갈 수 없는 개 발바닥의 꽃잎을 씻어낸다

벚꽃이
눈동자가
죽음이

바닥돌 사이로 구르는

요와 침대 사이에서 노인의 계단을 치운다 꽃잎 몇 장 얹힌 들것에 대해서는 함구한 채

기억을 기억한다

개를 맡아줄 수 있나요, 그녀와 나와 우리들의 개가 있다

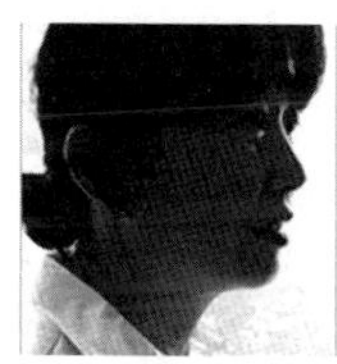

2010년《시평》으로 등단.

여기가 아닌 이야기

반연희

하늘에 고등어 한 마리가 떠 있었다 노래를 부르면 눈을 부릅뜬 고등어가 목구멍에서 흘러나왔다 고등어는 사람들 사이를 연기처럼 흘러 다녔고

아이들의 욕이 시작되어야 시계는 아침 아홉 시를 가리켰다 욕을 가르치는 수업은 없었지만 욕의 기술은 고등어 굽는 냄새처럼 스며들었다 개는 때때로 교실에 뛰어들어 고등어를 쫓았다 푸른 등을 숨기며 아이들은 깔깔거렸다

학교는 아침마다 비릿해지는 선생을 물어다 놓았다 입술이 빨간 아이들은 이를 드러내며 화장실 벽에 낙서를 했다 뼈다귀만 남은 하루가 매일 수세미로 지워졌다

오래전 나를 빌려 간 선생은 나를 다시 돌려주지 않았다

2001년 《다층》으로 등단.

공갈빵을 먹는 아침

변종태

노릇노릇 공기가 익어간다
뜨거운 입김을 호호 불면서
자신을 속이고, 타인을 속이고
불안한 단단함에 안으로 채워지는 그리움
간밤 부푼 꿈은 아침이면 바삭하게 부서진다
꿈은 뜯어 먹는 게 아니야
부숴 먹어야 하는 거야
부숴서 껍데기는 버리고, 그 안에 든 공기만 먹는 거야
얄팍한 껍질에 싸여 잠시 내 꿈에 왔다가
쓴 커피 한 잔 곁들인 채 부서진다
역시 공갈은 달달해야 제맛이지
황홀경에 빠진 채 속는 줄도 모르고
공갈이여 영원하기를
영원히 부서지지 말기를
바삭한 껍질에 싸인 채 뜨거운 공기로 채워진 삶
공갈일지라도 달콤하기를
간밤 꿈속을 다녀간 흐릿한 실루엣의 여인이여
이 아침에 맛보는 공갈의 달콤함이여
내 돈 내고 공갈을 당하는 아침

부디 부서지지 말기를

부디 공갈만큼만 달콤하기를

1990년부터 《다층》으로 작품 활동 시작. 시집 『멕시코 행 열차는 어디서 타지』, 『니체와 함께 간 선술집에서』, 『안티를 위하여』, 『미친 닭을 위한 변명』, 『목련 봉오리로 쓰다』. 다층 편집주간.

거미줄을 치다

서정문

산 사람 입에 거미줄 치랴
일용직 사무실 문 앞에서 김 씨가 담배 한 대를 피운다
후우, 하얀 연기가 앞을 가린다

무언가 얼굴에 줄이 느껴진다
거미줄
가느다란 줄이 끊어지면서 얼굴에 달라붙는다
이 너른 길
밤새 줄을 쳤구나
몇 마리 달린 하루살이
등이 노란 크지 않은 줄무늬 거미가
이른 아침을 위해 줄을 쳐 두었다

겁도 없이
점심이나 저녁으로 나를 삼키려고
여기 줄을 걸어두었나
얼굴에 달라붙은 거미줄
떼어내도 다시 들러붙는다

거미는 저만치 움직이지 않고

그 작은 눈으로 물끄러미 나를 쳐다보고 있다

거미와 눈이 마주쳤다

1990년《우리문학》으로 등단. 시집『화랑대』,『푸른날개』,『지도에도 없는 길』등. 전쟁문학상 수상. 다층문학 동인.

은행나무 코뿔소

석정호

오랜 기다림으로 눈알이 짓물러진 집이 펄럭거린다
백리 밖에서 발바닥 속에 들어간 한 사람을 데려다
부려놓고 나는 지붕이 덮이도록 은행잎을 뿌려준다

땅에 어깨를 갖다 붙이고 몸을 질질 끌고 가는 사람이
있다 먼 귀갓길 끝에 걸린 저녁 식탁, 걱정말아요 나는
걱정말아요 은행나무 위에 앉아 황금종을 울려준다

누가 건드려서 도진 상처일까 짐승의 이빨이 길길이
튀고 있다 오랜 금빛 항아리에서 홍소哄笑 가루 한 스푼을
꺼내와 나는 그 벌어진 입술 주위에 뿌려준다

밤늦은 골목에 쭈그려 앉은 이별의 뒷목이 어깨를
들썩인다 발아래 고갯길을 그려놓고 나는 은행잎
발자국들을 끝없이 펼쳐보여 준다

세상은 은행나무 코뿔소, 나의 등에 떠 메여 있다

2005년 《월간문학》으로 등단. 시집 『밀행』.

나의 풍선 불기

오채원

오랫동안 서술되지 않는 나를
연습한다 숨을 쉬었다가 멈추었다 늘어나는
나를

사람들은 오래 기억한다
내가 아닐 때의 모습을 이리 주무르고 저리 주물러 강아지를 만든다
꼬리를 실패하고 머리를 실패하고 짖기를 실패하고

터져버리기를 반복한다
찢어진 포도송이로 숨 쉬는 새큼한 나를 연습한다
포도의 마지막을 간직한 아이스 와인의 산미처럼
풍부한 내가 나를 편애할 때처럼

나를 너무 많이 뜯어먹어서
구멍이 뚫린다 도넛이 된 내가
내 주위를 공전할 거란 생각
달이 될 거란 생각

나를 조금 빼기로 한다
부풀어 오른 내가 바닥에서 멀어진다

조금 더 높은 곳에서 구름으로 숨 쉬며
달이 되는 연습을 한다

2020년 《다층》으로 등단.

봄, 안부를 놓다

이광찬

1.
흩날리듯 천변을 따라 걸었네

물속에 핀 꽃들을 굽어보면서 개나리가 진달래를, 진달래가 수수꽃다리를, 개개비도 합세해 시샘하는 봄, 봄, 봄이라서 얼결에 빗장 풀고 한눈 팔았네 안녕? 라일락, 연산홍도 벌써 다 피었구나 연산홍 여린 꽃잎을 따다가 코끝에 짓이기며 걸었네

2.
풀밭에 앉았다 일어서자, 옆구리가
싸한 게 햇살 이고 만개한 당신이었나?
바람 불어오는 곳,
그렇게 걷다가 마주친 당신
두발자전거 페달을 밟는 아이의 등 뒤로
비뚜룸히 얹혀 있는,

3.
손등엔 푸른 정맥, 천변엔 어린 치어들이 살랑거리는데, 어찌 사누 그 양반! 글쎄, 그때 나는 화들짝 실눈을 떴을라나 멀거니 하늘 보며 살풋 얼굴 찌푸렸을라나 불쑥 상류 쪽으로 몸 비틀던 거대한 잉어의 비늘을 본 것도 같았네

너무나 향긋해서 잊었지

까마득히 잊고 살았어
봄, 당신은 이 세상에 없는 꽃말
우리 언제 다시 꽃 필 수 있을까?

2009년 《서시》로 작품활동 시작.

팬

임승환

잘 발린 벽지에도 틈이 있다
책 속에 없는 햇빛이 들어오거나
일찍 달이 찾아오는 날이면
난 가끔 그 틈을 발견한다
당신의 맨발이 보이고 갸름하게 빠진 턱시도도 보이지만
실물의 당신은 저만치 무대 위에 있다
나의 얼굴은 허공의 목소리만을 가진다

전부가 아닌 전부를 가져서 예정에 없거나 어두운 달이다

밤 11시를 넘거나 새벽을 내닫는 시간이 되면
컬러링 속에서조차 사라진 당신
책꽂이 시집 위에서 잠을 잔다

틈만큼만 듣는다는 것은
전부를 상상하게 한다
간혹 나를 불러들이는 불면증이 당신에 대한
깊은 슬픔으로 떠오르면 오케스트라 편성은 내 뜻이다
무대가 꽉 차도록.
전부는 틈에만 존재한다

2008년 《문학,선》으로 등단.

모르모트의 생활상

임재정

주름관 속으로 두 가닥 전선이 사라집니다

저이는 박자를 맞춰 신호를 보내고

사람보다 더 많은 이별을 승객으로 싣고 플랫폼을 벗어나는 기차처럼 뒤늦게 달려와 울타리 밖에 주저앉은 사람처럼

짐작합니다, 건너 편 어딘가에서 누군가는 응답을 하고 손을 잡아끌며 함께 밝힐 식탁 등을 고르겠죠

저이는 마술사가 틀림없습니다 주름진 공간 속으로 나란히 평행인 시간을 건축하죠

증기기관처럼 한 움큼을 한 아름으로 바꿀 수도 있습니다 어둠을 쌀밥 한 공기로 환하게 부풀리기도 하죠

밥은 키스가 되고 혀는 순례자가 됩니다

물 호스처럼 콱, 저 전선관을 밟으면 전등도 꺼질까요
그러지 말아요, 우린 우아한 홍학이 기웃거리는 발아래 물속에 있어요

저이가 사라지면

매사의 뒷면에 매달린 죽음이 종소리를 내며 마술도 끝이 납니다

전선은 여전히 전기를 흘려보내고
통성기도처럼 보일러가 돌고

가까이 스위치가 있어요
저이가 저이의 침대에 안개를 풀어놓는 것을 기다려
거길 흔들리는 버드나무가 되려구요

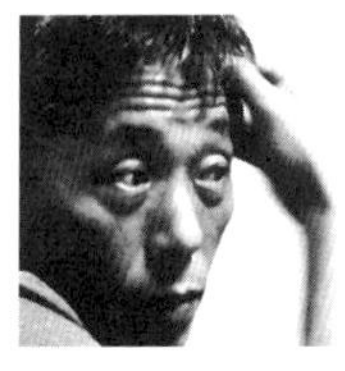

2009년 〈진주신문〉으로 작품 활동 시작. 시집 『내가 스패너를 버리거나 스패너가 나를 분해할 경우』. 다층문학동인 회장.

리토피아

권 순 김다솜 김설희 김영진 김태일 남태식
박달하 박미경 박 일 박정규 박하리 배아라
송창현 우중화 윤은한 이성필 이외현 이인성
장종권 정무현 정미소 정치산 천선자 허문태

호흡

권순

저 귤은 돌이 되려 한다
아니 점이 되려 한다

며칠 전부터 수분이 마르고 쪼그라들더니
작고 단단한 돌이 되고 있다 온화하던 빛깔과 새콤함은
이제 상상만으로 음미해야 한다

서로 어울려 지내며 감빛이 살아있을 때의 귤들은
너무도 안락해 보여 아무도 눈길을 주지 않았다
다른 귤들이 모두 소환되어 가고 우두커니 혼자 남은
저 귤은 혼자라는 생각조차 말라 버린 듯
모르는 사이에 조금씩 달라졌다

몇 날은 수척해지는데 몰두했고 며칠 뒤에는 들고 나는
숨을 닫아버리고 딱딱하게 굳어져 갔다
염탐하듯 눌러보는 내 손가락을 밀어냈다
저 귤은 지금 형상을 바꾸려 하고 있다
물체에서 극단의 한 점으로

빛깔을 놓아주고 제 속으로 파고들어 긴 고통의
끝점으로 가려 한다 침묵 같은 단단함으로

가려 한다 빛깔과 향기를 속에 가두고

더는 호흡하지 않는다
아주 고요하게
작고 단단한 무엇이 되고 있다

2014년 《리토피아》로 등단. 시집 『사과밭에서 그가 온다』. 아라작품상 수상.

저 우주적인 도둑을 잡다

김다솜

그는 어디에서 왔을까
바라지창으로 생쥐처럼 들어와
사그작사그작 뭔가 갉아 먹으며 간다

봄여름가을겨울 맞이하고 보내는 전령사를 미워하다 사랑하다 벌주다 용서하다 다시 자박자박 걸어갔지

정보과 형사도 잡지 못하는 저 위대하고 자상한 우주적인 도둑을 내가 한 때 올가미로 순간 잡았다 놓쳤지

때론, 망각의 수면제이자 비타민, 나무와 꽃도 그 물소리에 피고 지고 변화무쌍한 구름과 바람들을 바다 건너게 했지

버스와 기차, 비행기와 배를 기다리게 하면서 넘어지게 했지 저마다 꿈을 가방마다 채우게 하더니 비우게 했지

누군가가 잡으려 해도 잡히지 않은 그는 뭔가 서로 나누어 보관하다 결국 그 자리 놓고 아늑한 집으로

푸른 낮달과 초승달 깨우는 알람소리
쉼 없이 셈을 세며 걸어가는
그는 어디에서 왔을까.

2015년 《리토피아》로 등단. 시집 『나를 두고 나를 찾다』.

사이, 자라는 것이 있다

김설희

감자들 사이에서 감자 한 알이 썩었다

썩은 감자에 닿은 감자, 머리에도 허리에도 썩은 물이 들었다
배꼽이 시커멓다

부패한 것은 언저리가 욱신거린다

전염될까
물컹한 감자를 맨손으로 덜어낸다

썩은 물에 손가락과 손톱과 지문이 물들었다
흐르는 물에 매매 씻는다
비누로 씻고 식초로도 씻는다

손톱과 살 사이에 스민 냄새는 도무지 물러나지 않는다

모양과 색이 없는 것들은 추억처럼 끈질기다

사이에서 포자는 은밀히 돋아난다

2014년 《리토피아》로 등단. 시집 『산이 건너오다』.

다독거리다

김영진

투박한 어머니 손이 종일 다독거립니다.
매운 청양고추 모종 심고 다독거립니다.

갓 뽑은 열무 광주리에 눌러 다독거리고,
빈 쌀독을 눈으로 꾹꾹 눌러 다독거립니다.

아버지 출근할 때 다녀오세요 다독거리고,
얻어맞고 들어와 우는 막내 어깨 다독거립니다.

시집살이 불어터진 며느리 손 잡아 다독거리고,
매번 칭얼거리는 손녀딸 엉덩이도 다독거립니다.

다독이다 가신 어머니 무덤가 파릇한 잔디를
봄 햇살 받으며 편안하시라 자장자장 다독입니다.

2017년《리토피아》로 등단. 시집『달 보드레 나르샤』,『옳지, 봄』,『항아리 속의 불씨』. 아라작품상 수상. 막비시동인.

삼득이

김태일

오일장 구포시장 해거름이 되면
삼득이가 리어카를 끌고 장터로 온다.
아이들이 던진 돌을 리어카에 싣고

생선 내장과 시든 배춧잎,
닭털에다 잡동사니 악취까지
리어카 가득 쓸어 담는다.

언제부터 얼마를 받고 청소하는지
누구도 알려고 하지 않았다.
따뜻한 국밥 한 그릇이면 그만이었다.

어디에 쓰레기를 버리는지 아무도 모른다.
파장 무렵이면 어김없이 리어카가 나타나
장터를 말끔하게 청소해 주면 되는 것이다.

어젯밤 육십년 끈길을
낡은 리어카에 제 간과 쓸개를 노을처럼 붉게 싣고
히죽히죽 웃으며 찾아오던 삼득이

2013년《리토피아》로 등단. 편지문집『신라엽신』. 막비시동인.

오늘은 좋은 날

남태식

60대에
40대에 저승 간 아비로
환생했다.

나이 드니 너는
천상 네 애비다.

몸이 다르고
마음이 달라도
한목소리로 그러는데
굳이 발톱 내보일 일 없다.

늘 못 건넜던
이 땅의 많은 강
새삼 다리를 세운들
이생에는 다 못 이으리.

아닌 카멜레온으로
치장하고
촉수를 숨기는
아. 오늘은 좋은 날입니다.

2003년 《리토피아》로 등단, 시집 『망상가들의 마을』, 『상처를 만지다』 외. 김구용시문학상 외 수상.

들길을 걸으며

박달하

채송화 머리 위
볼 비비던 잠자리 날개 접고 졸고 있네.
허리 휜 노목
어깨 위에 올라앉은 새들이 날개 쉬고 있네.
바람이
비밀스러운 소문들을 가지 위에 걸어두고 가면,
숨어있던 이슬은
혼자의 시간에 기대어 우주를 읽고 있네.

2018년《리토피아》로 등단. 시집『사립문을열다』. 막비시동인.

거미줄

박미경

추적거리던 비 그치고
바람이나 쳐주려 창고 문을 열었다
거미가 여기저기 그물을 쳐 놓았다
문 여는 소리에 깜짝
도망치던 귀뚜라미가 묶인다
내 탓이다 싶어, 풀어주는데
옆에 있던 옆집 아저씨 한마디 한다
와 그걸 풀어 주노!
그놈도 묵고 살아야 할 거 아이가
쥐새끼 한 마리 못 빠져 나가게 왜
거미는 창고 문을 지키고 있었을까
귀뚜라미는 내 손에 다리 하나
떼어놓고 간 곳 없다
부러진 다리 그물에 던져줘야 하나
혼비백산 달아난 놈 찾아줘야 하나
댓새 내린 가을비에 푹 젖어버렸는지
꽁꽁 거미줄에 묶인 생각이
옴짝달싹 못한다

2020년 《리토피아》로 등단.

배다리 책방 안에는

박일

배다리 좁다란 골목길
모퉁이 책방에는
그녀가 읽어주던
시집이 한 권 꽂혀 있습니다

동인천역을 나오다가 혹시
그녀가 좁다란 골목길 그
옆길로 와서 시를 읽고 있지 않을까
않을까 문득

배다리 좁다란 골목길
책방 문을
열고
들여다보면

가지런히 꽂힌 책들 사이로
그 옛날
그녀가 남긴 목소리만
시를 읽고 있습니다

1985년《현대시학》으로 등단. 시집『사랑에게』,『바람의 심장』. 〈먼출발〉 동인.

팬지

박정규

소리 없이 오네요.
누군가 손 내밀 것만 같은
똑. 똑.
왠지 가슴이 두근거려요.
괜스레 뒤척이는 가려움
딩동. 딩동.
눌러 주세요. 봄
움츠렸던 가슴에 움트는 소리 들려요
우듬지로 오르는 전율을 느껴요
아! 터질 것 같아요
가슴속에 방사되는 사랑은 누구세요?
긴 겨울 앓아왔던 통증
이제야 오셨군요.
동토를 지나 봄을 여는
화사한 꽃.

2003년《리토피아》로 등단. 시집『 탈춤 추는 사람들』,『검은 땅을 꿈꾸다』,『내고향 남해』. 리토피아문학상 수상.

월미도

박하리

안개가 잔잔하게 일렁이는 파도 끝으로 간다.
흐느적흐느적 뱃머리를 끌고 달을 향해 간다.
끝이 없는 옷자락을 끌고 파도에 미끄러지며 고백한다.
달은 차가운 바다 속으로 유유히 사라진다.
안개는 낚싯대를 길게 드리운 채 다시 달을 기다린다.

마침내 달이 안개의 미끼를 물었다.
낚싯줄에 매달린 달은 마치 저녁 나들이다.
통통한 달의 뱃속에는 수많은 새끼달이 살고 있다.
온 바다를 물 반 달 반으로 채울 기세다.
용왕의 딸이다. 바다가 온통 달로 채워진다.

2012년 《리토피아》로 등단. 시집 『 말이 퍼올리는 말』. 전국계간지작품상 수상. 리토피아 편집장. 막비시동인.

돼지감자꽃

배아라

지렁이에 놀라고 배추벌레에 엉덩방아 찧던 그녀 깡도 생겼다.
손길 마다하고 덤불지나 돌 틈 사이로 떼구르르 구르던 감자.
어쩜 좋아. 해 뜨고 바람이 불다 비 서너 번 지나갔을 뿐인데,
산비둘기 훅하니 날아가 멈춘 곳 노란 돼지감자꽃이 피었다.

2018년《리토피아》로 등단. 시집『떠도는 잠』. 막비시동인.

향기가 여름밤을 바느질하다

송창현

낡은 주걱이 솥단지를 긁는다. 부엌문 위 시계 초침 소리가 할머니 등으로 파도친다. 늦은 여름밤 할아버지 등줄기가 구불구불 자전거 페달을 밟는다. 땀방울을 업고 오는 소리에 할머니 눈망울이 보일 듯 말 듯 쫓아간다. 할아버지와 할머니가 온종일 짊어진 등을 감싸 안는다. 밥상머리에 하루가 들릴 듯 말 듯 백 년을 이어간다.

한밤 휘어진 등으로 드르렁드르렁 울리는 것은 뼈아픈 속사정이다. 아무에게나 들려주지 않는 호젓한 인생길이다. 밤새 듣다 보면 할아버지 등줄기에 달빛 여인네가 담겨있다. 할머니 등줄기에 햇빛 남정네가 담겨있다.

별무리 내려앉은 옆자리에 주걱이 잠들었다. 새벽 콧방울 소리가 시계 초침 소리를 넘는다. 여름밤이 할아버지와 할머니 등줄기 마디마디를 꿰어 간다. 지상에서 해와 달이 마주 보던 잠을 자던 향기가 바느질을 멈추지 않는다.

2021년 《리토피아》로 등단, 시집 『와락, 능소화』,『쇠똥구리씨에게말해야지』. 막비시동인.

쇠똥구리
—어머니

우중화

쇠똥구리가 소똥 말똥을 굴려요.
코끼리똥 뱀똥 쥐똥도 굴려요.
먼 옛날에는 공룡똥도 굴렸어요.
태양을 등지고 굴리며 가요.
둥글게 둥글게 다듬으며 가요.
태양이 없으면 달빛으로 굴려요.
밤에는 북극성이 길을 잡아줘요.
황토길 돌밭길 언덕배기도 굴려요.
수컷들 앞에서도 당당하게 굴려요.

2019년《리토피아》로 등단. 시집『주문을 푸는 여자』. 막비시동인.

북소리

윤은한

처라
무딘 손발을
쿵쿵

풀어라
얽힌 생각을
쿵쿵

울어라
엉긴 가슴을
쿵쿵

가슴 치며 한바탕 울고 나니
노란 깃발이 뿌리를 내린다

- 2016년 《리토피아》로 등단. 시집 『야생의 시간을 사냥하다』. 막비시동인, 문심회 동인.

풀이 자란다

이성필

내가 지나간 자리에는 풀이 자란다
아무도 따라오지 못하게 풀이 자란다

내가 지나온 길에는 풀이 자란다
누구도 나를 기억하지 못하게 풀이 자란다

내 발자국을 풀이 덮는다
내 기침소리를 풀이 덮는다

내가 지나간 길에는 풀이 자란다
내가 지나온 자리에는 풀이 자란다

나는 가고 가기만 할 뿐 무엇도 남지 않는다
종종 새들이 울 뿐 아무 것도 달라지지 않는다

내 슬픔을 풀이 덮는다
내 사랑을 풀이 덮는다

2018년 《리토피아》로 등단. 시집 『한밤의 넌픽션』. 막비시동인.

달, 실연하다

이외현

오밤중, 탱자 울타리 넘어 꽃 따러 갔지.
꽃, 따기도 전에 가시에 찔려 아팠지.
해가 없는 밤이면 꽃은 잠을 자지.
달은 오므린 꽃잎에게 속삭였지.
열어 봐
제발, 좀 열어 봐.
꽃은 못 들은 체 고요하기만 하지.
서성이던 달은 눈이 퉁퉁 붓도록 울지.
꽃이 뿌옇게 보일 때까지 혼자 울지.
별들이 슬픈 달을 감싸며 위로하지.
해를 향해 꽃잎 열어 활짝 웃는 꽃 바라보며
낮달은 구름 속에서 또 숨죽여 울지.
칠흑의 밤, 달은 흐린 빛을 내려놓고
산꼭대기에서 꺽, 꺽, 목 놓아 울지.
천 년 동안, 폭포 같이 울었지.

2012년 계간 《리토피아》로 등단. 《아라문학》 편집장. 전국계간지작품상 수상. 막비시동인.

여행

이인성

숨을 죽인 안개가 뿌옇게 덥힌 철길
가로등 불빛 뚫고
밤 열차 성급히 달린다

규칙적 흔들림마다 내려놓는 사연들
창밖 풍경들과 어우러져 곤한 흐느적임으로
스쳐가는 밤

차창에 부딪히고 떨어지며
모두가 그런 모습으로 흔들리며 가고 있다
나의 깊은 호흡도 건조함으로
덜컹거리는 선로를 지나칠 뿐
무심한 공명으로 남는다

내게도 도착할 목적지가 있다는
한마디 듣고 싶어
차가운 흔들림에 귀를 기울여 본다

2015년 《리토피아》로 등단. 2012년 《신문예》로 소설 등단. 시집 『달빛이 아프다』, 『바람이 사는 법』.

봄, 꽃

장종권

어머니 꽃 따러 가신다
오는 봄도 더디다 하며 성큼성큼 떠나신다

아흔아홉 강을 건너고
아흔아홉 산을 넘으신다

가시다가 저어하면 고닥 돌아오시라
말씀도 듣는지 마는지
오는 봄 손 내밀며 다급하게 떠나신다

장독대 주변 가득 가꾸신 꽃 다 버리고
새 봄 새 날 꿈꾸듯 춤추며 꽃 따러 가신다

1985년 현대시학 추천완료. 시집 『아산호 가는 길』, 『전설은 주문이다』 외. 장편소설 『순애』. 창작집 『자장암의 금개구리』. 성균문학상, 미네르바문학상 외 수상. 리토피아 주간.

흡인력

정무현

침대를 돌리니 푸른빛이 들어차며 포구가 된다
다닥 붙은 배에서 출렁대며 고기처럼 뒤엉킨다
포구의 비릿한 냄새가 코맹맹이 신음으로 가득 찬다
코를 휑 풀거나 오줌을 갈기거나 별일 없이 빨아들인다
세상 난리가 아니라지만 포구는 한 톨도 흐트러짐이 없다

침을 뱉어도 풀잎은 여전히 푸르다
가래와 똥 속에서 더 진하게 푸르니
드러누운 연인은 풀 내가 참 좋다고 한다
밟히고 뜯기고 베어져도 아무 일이 없는 듯 자리를 채운다

그러니 너의 비릿한 소리를 즐기다가 던져버리거나
바람에도 넘어지는 너를 해코지한 잘못은 없다
어디에 머물러도
안중에도 없을 달구지는 그래도 잘 굴러간다

2014년《리토피아》로 등단. 시집『풀은 제멋대로야』. 전국계간지작품상 수상 부천문인협회 회장. 막비시동인

매미가 울다

정미소

창밖에서 매미가 운다
맴맴맴 운다
세살바기의 귀가 둥그래진다
손으로 매미의 울음을 가리킨다
내가 묻는다
매미가 어떻게 우니?
잉잉잉
아니, 매미는 맴맴맴 울잖니
아니, 매미가 잉잉잉
손등으로 우는 흉내를 낸다.

2011년 《문학과창작》으로 등단. 시집 『구상나무 광배』, 『벼락의 꼬리』. 리토피아문학상, 전국계간지작품상 수상, 계간 아라문학 부주간, 막비시 동인 회장.

쉿!

정치산

지상의 문은 인간의 놀이터이고
하늘의 문은 시인의 놀이터다.
자다가 봉창을 두드리다가
돌다리 두드리다가
손가락이 부러진다.
남의 다리만 긁는 시가
호랑이걸음 흉내 내는 게걸음이다.
천둥 치는 장마 속에서도 시를 훔쳐
솟아오르는 이무기를 꿈꾼다.

2011년《리토피아》로 등단, 시집『그의 말을 훔치다』,『바람난 치악산』, 강원문학작가상, 전국계간문예지작품상, 원주문학상 수상. 막비시동인.

아이들이 없는 나라

천선자

책장에 꽂힌 동화책 속에서 피리부는 소년이 피리를 불며 걸어 나온다. 피리소리는 갈래꽃무리 지나 마을을 한 바퀴 돌아간다. 교실창문 밖으로 내민 까까머리 코흘리개의 울음소리가 피리소리를 따라간다. 어리광이, 재간둥이, 자랑쟁이, 심퉁이의 울음소리가 피리소리를 따라간다. 유치원의 담장에 늘어진 햇살에 감긴 아이들의 울음소리가 피리소리를 따라간다. 산부인과 신생아실 아가들의 울음소리가 피리소리를 따라간다. 아이들의 울음소리가 동네를 한 바퀴를 돌아 피리소리를 따라간다. 삼천리강산을 돌고돌아 피리소리를 따라간다. 물안개 핀 강 건너 산마루 위에 걸린 무지개가 사라진다. 검은 안개가 검은 그림자를 물고 컹컹 짖는 마을회관에서는 마을에서 제일 어린 막둥이 육순 잔치가 열린다.

2010년 《리토피아로》로등단, 시집 『도시의 원숭이』, 『파놉티콘』. 전국 계간지작품상, 리토피아문학상 수상, 리토피아 부주간, 막비시동인.

다만

허문태

바위 속에서 꽃을 본 사람은 바위에 꽃을 새기고
바위 속에서 새를 본 사람은 바위에 새를 새긴다.
바위가 바위로 보이는 나는 바위에 새길 게 없다.

다만,

해거름 전통시장 좌판에 앉아 밤하늘을 올려본다.
종일 생선 배 가르고, 끓는 기름 앞에 닭 튀기고,
허리 휘게 족발 삶던 들꽃들 밤하늘 별이 된다는,
그 믿음 오늘도 선명히 가슴에 새기고 또 새긴다.

2014년 《리토피아》로 등단. 시집 『달을 끌고 가는 사내』, 『배롱나무꽃이 까르르』. 리토피아문학상 수상. 계간 《아라문학》 부주간. 막비시동인.

문예 연구

김경선 김미진 김환중 박선애 염수암 윤영애 이기종
이상기 정해자 최은별 한혜련

보사노바 그리고 재즈처럼
—with 코로나

김경선

프리하게 너와 손을 잡고
너의 1차원 돌기와 나의 파리한 4차원 주먹은
자유의 향유가 가능할까?
근원의 언덕과 창세의 날을 맞으러
호모 사피엔스 유인원의 단절 없는 세기에서
컴백하자고?

우울했다 죽고 싶다 비가 오는 세상
너와 살기 위해 천을 입가에 둘러야 한다
먼먼 옛날 그랬던 것처럼
장례의 엄숙한 제의를 지키는 제사장이 되어
우리는 집에 유인 된지 오래다 그리하여
황량한 거리에 오직 너와 축배를 하자고?

우리 파격적이 되어볼까?
보사노바의 자유를 만끽할까
흐느적이며 밀당하다 이별의 시간이 오면
비로소 성숙한 여인처럼 너와 나
재즈와 보사노바 음울의 레퀴엠과 아듀를
나의 고상한 조상 크로마뇽의 그림자를 따라
너는 그림자를 밟은 죄로

1998년 《문예연구》로 등단. 광주문학상, 광주시문학상, 문예연구문학상, 예술문화상 수상.

여행가방의 기항지

김미진

가을이 구름 위에도 있다
좌표를 잃은 꼬리표
무엇이 필요할지 몰라
잔뜩 구겨 넣었는데
애쓴 시간들이 의미가 없어진다
하얀 구름 위에 앉아
늦은 광합성을 하다가
숲의 새들을 날려 보내고
정거장에서 버스를 탔다
깊은 가을 밤
어디론가 가야만 하는데
뭉개고 앉아서 보아도
표시등이 여러 갈래로 찢어져 있다

텅 비어 촉촉이 비 내리는 날에는
미지의 노르웨이 숲으로
무던히 종이비행기를 날렸었다
길목 마디마디에 종기로 앉아
고름으로 덧난 약을 바르며
짙은 풀냄새로 몸살을 앓았었다

티켓을 끊고
익명의 땅에서

풀고 싸매고 동여매고
자동차, 비행기의 문법을 익히며
다음 기항지의 태그는
푸른 바다
헛꽃같이 젊은 갈증
은빛 억새 바다언덕 기슭에
양지바른 긴 꼬리
가을 햇살로 눕는다

2019년 《문예연구》로 등단.

물음표

김환중

가슴에 고여 고무줄처럼

늘어나는 주름이

바람의 맨발에 밟혀 뒤집어진 소리

회전문처럼 하나의 몸짓으로 말하는 기표

먹잇감 기다리며 거미줄 치는 소리

동굴 속에서 도망갈 구멍 파는 말꼬리

도리반거리며 바람에 몰려다니는 혀

서슬 시퍼런 혀가

예의 바르게 한 방 날리는 화살

시간의 물비늘 그리며 쥐고 있는 붓

2016년 《문예연구》로 등단.

하이, 푸조나무 씨

박선애

농도 짙은 산소통이
호위무사처럼 도열한 거리
숨죽인 긴장감은 녹슨 칼집 속에서
겹겹이 푸른 그늘로 무너져 내려
눈부셔서, 미간이 찌푸려져서
돌연 눈물샘이 열렸습니다

뒤돌아선 어깨 끝의 기울기에
얼추 맞는 지렛대를 대어봅니다.
열흘의 열 번쯤은 견딜 수 있었지요
어떤 이는 팽나무의 사촌쯤 된다고 하고
누군가는 옆에서 느릅나무와 닮았다고 거들고
오지랖 넓은 치마폭에 담기지 못한
그늘의 경계에서 아직 초록의 날을 벼리지 못한

단박에 알아본 눈썰미에 너그러워질 때입니다.
여전히 기울어진 어깨로 관방제림 속에 머물러
시위 떠난 화살처럼 빛이 쏟아지는 날
깜박거리다 비비다가 명치까지 치민 설움으로
차고 넘치면 돌아볼까요
하이, 푸조나무 씨

아, 당신이었군요.

2010년《문예연구》로 등단. 시집『꽃살문에 소식 전하다』. 계간지우수작품상 수상.

한가위 반달

염수암

올 한가위는 반달이 떴습니다
반달인데도 실속있게 밝았습니다
점점 간소하고 오붓한 연휴로 자리잡히는 것을 보면
코로나가 겉치레만 가렸나 봅니다

민속명절의 차분한 기운을 들춰메고
산을 올랐습니다
운무에 덮힌 거창 금원산에,
구름 속에 들어가서
마음속에 흰 도화지 한 장 얻어 넣을까 해서
올랐는데
허당 —
구름은 비만 만든다네요

산속은 낮과 밤의 기온차가 없었습니다
신기했습니다
원시림이 지붕으로 덮고
그 위로 구름이 이중으로 덮어
깊은 동굴같은 현상일 거라
의심하며
밤새도록 주문을 외는 계곡물에 물으니

심심산중이 품은 보름달의 평정심의 안이라서
그런다네요
-헐

다음 산행지는 무심이 덮혀있는 인자요산으로
정했습니다

1998년 《문예연구》로 등단.

뱀

윤영애

언제 적이었던가,
붉은 태양의 햇살이 땅에서 뱀이 됐다면 믿을 수 있을까
神은 하늘의 외눈박이 눈알에서 쏟아지는 빛으로 뱀을 만들었다지

신화 속, 복희와 여와의 하반신이 서로 꼬여있는 뱀의 형상인 것은 우연일까

무엇인들 외눈박이 알에서 쏟아지는 빛살을 피할 수 있었을까 산, 들, 사막, 바다, 강도 별 수 없었지 다리도, 날개도, 지느러미도 없는 뱀이지만 어디서나 현란한 빛깔의 번들거리는 뱀을 볼 수 있었지 발이 없어 온몸이 발이 되어 땅의 떨림을 느끼는 부드러운 땅을 가장 잘 아는 몸이다

오늘도 왕솔나무 꼭대기에 올라 해바라기하는 배암
해바라기의 푸른 씨앗은 무엇일까

나, 꼬맹이시절 해를 그리라면 누가 가르쳐 주지 않았어도 둥근 원 주위를 마치 뱀이 꿈틀거리는 모습의 햇살을 그리곤 했다 그랬었나보다 우리의 아득하여 축축한 시간의 푸른 숲에 똬리를 튼 푸른 배암의 붉은 혀가 날름거리고 있었다는 것을… 배암이 솔나무에 올라 떠나온 외눈박이를 그리워하듯 나도 저 붉은 혀꽃부리 속이 궁금하다

눈부시다,

해의 빛살이 땅에서 뱀이 됐다는 것
나는 믿기로 했다

2005년 《문예연구》로 등단.

뜸

이기종

잔뜩 달구어진 밥솥이
뚜껑을 들썩이며
뜨건 숨을 내뱉으면
불길을 낮춰
마저 익혀야 할 때

들뜬 뚜껑을 내려앉혀
저들이 속속들이 익어가는
구수한 냄새를 맡으며
잠잠히 기다리라고

불길 낮춘 내게
밥솥이 눈물 흘려
말하는 시간

2019년 계간《문예연구》로등단.

밀라논나

이상기

1952년생 밀라논나의 애로스는 아직 탱탱하다
그녀의 음료는 칸쪼네가 주류를 이루고
그녀의 패션은 롬바르디아의 푸르고 기름진 평원에서 흘러내린 레이스다
그녀의 피는 돌로미티에서 흘러나온 눈의 눈물이다
막스마라여,
떨쳐도 어느샌가 껌딱지처럼 붙어있는 브랜드여,
달려도 따라오는 정열의 들녘에서
세월도 돌아눕고, 청춘도 고개 숙인 안개의 계곡에서
1952년생 밀라논나의 버킷리스트는 여전히
보드라운 평화다 살찐 고요다

2003년《문학과비평》시부문 당선. 2004년《문예연구》로 등단. 시집 『내 영혼의 뜨락에 바람으로 오는 당신』,『 강물에 던지는 목마른 소리』,『이슬연가』,『서정이 꽃 피는 나무 아래서』,『가을 나그네 겨울 강 너머』,『담양에서 온 편지』.

봄, 그리움으로 피다

정해자

봄의 향기로
산언덕을 오르니
나들이 들뜬 마음 가눌 길 없네

풀잎소리 바람 되어
귓가에 머물고
꽃잎 풀어 발길에 부리니
눈가 웃음 절로 나네

초록녹음 숲을 이뤄
마음 품을 정결케 하니
쌓인 정감 오래도록 여운이네

실눈 뜬 노랑 개나리
웃음 잡아 반겨주더니
연분홍 치맛자락 휘감아 홍이어라

저기 일어나는
봄강 너머
둥글게 꿈꾸는 그리움은
나의 심사深思이려니

1998년 《문예연구》로 등단. 저서 『기억에서 온 편지』 등. 문예연구 작가상, 향토문학 공로상 수상.

메아리

최은별

벌거벗은 새들의 입속으로
일제히 달려드는 빗방울

믿지 말아야지
갑작스런 비를 믿지 말아야지
나를 흐트러뜨리고 어찌해야 할지 당황시키는
비를 믿지 말아야지

비밀을 구걸하지 않는 새들의
단단하고 선명한 노래처럼

외쳐야지, 우기를 거두고
행여 방해물에 부딪혀 반향이 되더라도
자신이 한 말이나 그대로 되받을 뿐이라 해도
그 메아리도 특권이야

열심히 올라가 본 사람의
크게 소리 질러 본 사람의

2017년 《문예연구》로 등단. 시집 『네 시를 읽는 오후 네 시』. 장편소설 『시인과 기자의 어느 금요일』.

가을, 그 아름다운 외출

한해련

푸르른 하늘과 구름, 햇살, 바람

어우러져 결실의 기쁨을 노래하고,

떡갈나무 한 그루 따가운 여름이 숙성시킨

나뭇잎이 낮은 곳으로 내려와

안으로 고여있는 슬픔

눈부시게 빛나는 가을 햇살에 영혼을 맑힌다.

가을은

바람이 저문 햇살을 물래질하고

붉은 노을 한 폭 서럽게 젖어드는 시린 마음 토해내고,

억새의 흔들림이 눈부시다는 걸 가을은 안다.

가을은

지나간 자리마다 구멍이 나

슬프지 않아도 눈물이 난다.

아마 그리움 때문일 것이다.

하늘이 맑게 푸르고

물소리 바람소리 맑아지는 날에는

아무런 이유없이 산처럼 쌓인 사연을

황금들녘에 풀어놓아 넋두리 하고 싶어진다.

가을은

자신을 사랑하다

붉게 물든 단풍잎처럼

우리네 삶도 그렇게 살다 가리다.

1996년 《문예연구》로 등단.

미네르바

강빛나 Daisy Kim 김도봉 김 은 김차영 라채형
문화빈 박옥선 박호은 백명희 서철수 신새벽
염향화 윤명규 윤옥란 이은수 이혜정 정 빈
정윤서 조세핀 최금화 최진영 태경섭

물텀벙 그 여자

강빛나

물메기가 올라왔다
부레 속에 남해 한 쪽이 흐르고 무릎 젖은 그녀가 웅크리고 있다

손 바쁜 저녁 식구들이 허겁지겁 입을 벌렸다 후루룩 넘어가던 미끈한 껍질은 목울대를 지나 바다를 감아 올렸다

듬성듬성 무 하나로도 시원해질 수 있었던 그녀의 겨울, 밥상에서 사라지지 않았던, 물렁하게 풀어져야 제 맛 나는 빈 구석은 텀벙, 버려지고 밀려나면서 자리를 잡았다

땡볕 아래서 체중이 줄어들던 물메기처럼 그녀는 병실에 누워 서서히 말라가고 있다

물메기국 한 그릇만 먹어봤으면, 다리를 움찔 오므리면서, 밥상으로 다가가면서 홀쭉해진 가슴에 물기가 돈다

힘겹던 저녁이 길어진다 입맛 도는 순간이 목에 걸려 눈물로 밥을 후루룩 만다 등 푸른 그녀의 흔적을 찾아 남해로 남해로 기억의 지느러미를 퍼덕거리며, 간신히

2017년 《미네르바》로 등단. 《미네르바》 편집장.

목에 관한 서술

Daisy Kim

이것은 달력의 동그라미를 꿰어 만든 기념일의 목걸이를 걸고
칼날 아래 동강 난 케익을 위하여,

목을 밀어 내고 태어난 생일에
촛불을 켜는 날의 기록이다

목구멍이 포도청이라는 슬픈 옛말을 발음하면 포도와 포도가 아닌 것들이 쏟아진다

개를 산책시키며

목은 잘난 사람들 앞에서 자라목이 되고

개줄 같은 목줄에 이름표를 달고 사육당한다

태양의 손목이 달의 소매 속으로 숨는다

목은 식물과 동물이 가진 감정의 피신처

목소리에 상처를 입은 프리다의 사슴처럼 머리에서 어깨로 이어지는 멍든 노래

개가 짖어서 다시 돌아와 웃는다

목덜미에 너를 묶고 너를 멈춘 꼬리
어둠이 숨겨둔 발목의 양말을 벗는다

목적어를 벗어버리고 저녁을 슬어놓은 골목
바람은 직립을 사는 나무들의 소실점 끝에서 불어온다

목은 유리병 목은 미나리 목은 판소리 비틀면 아침이 오는, 목은 구멍이라는 혼잣말

목의 결말은 7음절의 잘린 뼈로 목, 숨 걸고,
떨어지는 옥상을 받아내고 있는 위험한 것들의 검색어

2020년 《미네르바》로 등단.

슈만 교향곡 4번 d단조

김도봉

남태평양
하늘과 바다 사이에
작은 섬 가물가물하다

푸름과 파랑을 구분하는 곡선 위에
점 하나
텅 빈 공간에
그려놓은 상상도

석양의 그늘이 길게 늘어지고
그리움의 그물이 투망질하면
갈매기의 날개짓에서 빛이 튄다

숨어 있던 소리가
휘젓는 안테나에 잡혀 나온다
청각의 경계 안에서
웅크려 있던 바람이 요동친다

연주자의 현란한 손놀림이
클라이막스로 치달려 가다가
뚝,
정적

긴박한 시간의 흐름속에
멈춰진 순간
남태평양의 화폭이 오버랩된다

2021년《월간문학》으로 등단.

찰나를 반납하다

김 은

빛의 속도로 터널 속으로 빨려가요
순간의 숨소리도 빨려 갔어요

그속엔 그림자만 보여요

그림자속 그림자 하나가
얼룩져 흐트러졌어요
불에 그을린 생선처럼
비린 냄새가 코를 찔러요
왜바람이 부채질하고 있어요
가슴에서 불꽃이 피워지고
머리에선 분수 물이 쏟아져나와요
몸이 두개로
분리 된다는것을 알았어요
목이 타면서 목이 말라요
꾸역꾸역 분수 물을마셔요
찰나를 반납해요
"리턴"
이 말에 초침이 되돌아가요
시계 바늘을 늘보로 고쳤어요

2018년《미래시학》으로 등단. 시집『불면을 드로잉 하다』.

발가락

김차영

자드락길 걷다가 길의 가장자리에 땅을 파고 들어가는 먹구렁이 여러 마리 보았습니다 가을엔 낙엽이 겨울엔 눈이 덮여 보지 못했습니다 하늘까지 진녹색으로 물든 오늘 보았습니다 커다란 등짐을 실어 나르던 지게꾼의 종아리에 지렁이의 문자로 새겨진 거룩한 삶을 길가의 오리나무에서 보았습니다 위태로운 비탈에서 쓰러지지 않기 위해 얼마나 용을 써대는지 땅위로 툭 툭 불거지는 발등의 문자를 보았습니다 지심에서 단맛을 뽑아 올려 뻗어가는 가지를 향해 쏘아 올리면 푸른 줄기로 솟아 달콤한 향을 뿌려대고 해와 달과 별과 바람과 어울려 춤을 춥니다 허무한 고독함으로 발에 더욱 힘을 줄 때 구멍 난 양말 사이로 쑥 올라오는 나의 발가락

2021년《미네르바》로 등단.

닻별의 노래

라채형

꼿꼿한 말 바늘
푸른 바닷속
반짝반짝 비수

한초름 바람 오면
날 선 그리움
오선 음률
살 속까지 파고드는
올가미

이젠
축축이 젖은 빗물에
찢어지는 문장이 되지 않겠다

비아냥 걸림돌
아랑곳없이 달리다
어김없이 넘어져도

투둑 끊긴 실타래
주섬주섬
휘청거리는 무릎에
힘을 싣고
듬성듬성 튀어나온 척추

마디마디 곧추세우고
가물가물
길에 다시 들어선다

2021년 《미네르바》로 등단.

물의 잠을 깨우다

문화빈

물은 숲속 가까이 머리를 두고 잠든다
가끔
100살을 훨씬 넘긴 향나무의 머리카락이
구부렁구부렁 흘러나와
눅눅한 바람의 헛기침 소리와
천둥의 손등을 만지작거린다
후둑둑
잠 위에 물방울이 튄다
그래도 일어날 생각은 없다
뭉그적뭉그적대면서 간밤의 꿈을 소환하려 하지만
그렇게 늘쩡이다간 학교에 늦겠다는 엄마목소리처럼
천둥이 번쩍 소리친다
놀란 물들이 늦지 않겠다고 다짐하듯
아래로 빠르게 걷기 시작한다
나도 휩쓸려 따라간다
노착한 곳은
올챙이가 옥시글옥시글거리는 좁은 웅덩이
해산하지 않고
헤엄 속으로 파고들 수 있을까
나는 살아 낼 수 있을까
몸뚱이가 창백해진다

2020년 《미네르바》로 등단.

잃어버린 아침

박옥선

따뜻했던 일상에 매듭이 생겼다
아침은 벌써 다녀갔다고 한다
허락하지 않는 찰라의 순간에
내 처음의 시작은
부스스한 머릿속을 가로 질러 오후로 건너뛴다
우리가 먹고 마시고 떠들었던 소박한 일상들이
이제는 아무것도 아닌 한 움큼의 그리움일 뿐
몇 조각 남아있던 일정표마저
기억의 절벽으로 사라졌다
벌컥 들어닥친 아득한 극야
빛을 잃은 별들이 우르르 쏟아져 내린다
반쪽의 늪에 잠긴 나의 아침은
하얀 곰팡이 꽃으로 얼룩지고 있다

2020년 《월간문학》으로 등단.

수제비 끓이는 아침

박호은

가짜 미대생을 재워주고
한 달 생활비를 도둑맞은 날
철퍼덕 주저앉은 쌀독 안에
후회의 구절초만 거룩히 꽂혀있다
-빌어먹을 동정은 사치였어

집 밖으로 나가는 길은 허공으로 빨려가듯 사라진지 오래
바깥으로부터 마음이 갇히는 순간의 침묵 속으로

꼬박꼬박 깨어나는 아침이
수제비 국물을 마실 때
핏기없이 풀어진 수제비가
달처럼 부풀어 올라 더욱더 환해지는 슬픔

검불을 엮어 짜낸 듯
작은 어깨에 걸린 도시락 없는 가방
어느 행성으로 가는지 모를, 엄마를 배웅하던 신작로길 따라
총총히 걸어가는 동생의 뒷모습
허술한 주머니 속, 동전 두 개가 짤랑 짤랑 소리를 내며 따라간다

이상과 현실이 실핏줄을 타고 횡단하는 금호동 산동네 등굣길
죽은 엄마가 안녕을 묻는 길

어둠을 반죽해 끓인 수제비에서 구절초 향을 걸러낼 때
늙은 거지가 덮고 자던 신문지 같은 구걸을 의심하는 일
잘린 다리를 이은 낡은 타이어 속을 의심하는 일은 죄일까

빈 쌀독을 들여다보는 멍한 가슴에
길 건너 교회당 종소리가 부딪혀 울리는
수제비 끓이는 아침

2016년 《미네르바》로 등단.

산후풍

백명희

삼칠일이 지나도 엄마는 오지 못했다
기대가 기울 때쯤 걸려오던 전화
아버지 잔병에 발이 묶인 푸념부터
삼복 더위에 해산이냐는 짧은 안부
물과 바람을 피하라는 금기까지 듣노라면
나는 율법을 어긴 소녀처럼 덜컥
주어진 현실 앞에 숨이 막혔다
갓난쟁이는 낮밤으로 칭얼대고
혼자 끓이는 미역국은 돌아서면 상하는데
물과 바람 없이는 열대야의 밤을 버틸 수 없다고
금기를 깬들 신은 관심 없다고
대답 없는 수화기에 눈물을 타전하던 그해 여름
어느 심심한 신이 지나다
뼛속깊이 겨울을 심어 놓았는지
한여름에도 발이 시리다
온몸에 겨울을 품고 산다

2015년《미네르바》로 등단 , 2009년 제주 신인문학상 수상.

광천리 사람들

서철수

광천리 이른 아침
불을 밝히던 가로등이 꺼졌다
그 시간은
봉래산 계족산에
눈부신 태양이 솟는다는 암묵의 신호다

모든 생명들이 기지개를 켜는 아침
세상은 출렁이는 바다가 된다

광천리의 아침
반짝이는 서강변에서 만난 사람들은
긴 시간 긴 기다림으로 새날을 맞고 있다

기다림은 언제나 꿈을 잉태하고
떠오르는 태양처럼
아름다운 출산은 시작된다

1999년 《시와 비평》으로 등단. 시집 『바람이 건네준 말』 외. 강원도문화상(문학부문), 전영택문학상 수상.

파도는 연습이 없이 밀려온다

신새벽

우리의 연애는 솟구치는 분수 같았지

아무런 고백도 들은 적 없지만
깊고 아주 깊은 곳 슬픈 파랑을 끌어와
커다랗게 몸을 뒤집으며 소리 지르지

사랑의 뒤편도 멀쩡하기를 바라는 바보는 아마도 나뿐인 듯해

점점 불시착하는 너의 감정을 난 절반으로 나누고
위험하지 않은 번역으로
난파 되어 밀려드는 조각들을 끌어안고 맞추고…

먼 곳 수평선은 멀쩡히 그곳에서 우두커니 지켜보고만 있어
우리의 가장자리는 늘 안부를 모른 체
서두르고 출렁이지

고요를 훔치지 않은 건 연습이 부족해서인지도 몰라
바람의 행적은 누구라야 볼 수 있는 건지
아무도 눈치 채지 못하는 아픔을 고스란히 받아들여야
너에게서 멀어지는 연습이 될까

그저 바라보고 서서 침묵으로 견뎌야 하는
같은 모습 같지만 전혀 다른 모습으로 다가오는

널

난
얼룩으로 물들어가는 젖은 모래

2017년《월간문학》으로 등단.

그늘 한쪽을 줍는다

염향화

물방울 하나를 앞세워 온다
돌아오는 길
풀숲에 마음 하나 슬쩍 던져둔다
맑아서
아무리 들여다보아도
나를 비춰주지 않던
물방울은
풀잎 속 물길까지 들여앉히고
땅 속 깊이 뿌리까지 훤히 보여주면서
애써 닫아둔
저녁을 밀고 돌아온다
툭 툭
어린 날들이 떨어진다
어느날
나이든 가슴 언저리를 돌아 서늘히 길을 낸다
내게 그가 너무 커서
그가 보이지 않을 때
문득 문득
그의 뒤쪽이 두려워지곤 하는
그의 뒤쪽 같은
뒤란으로

가만가만 아침이 든다
햇살을 따라 가다가 떨어진 그늘 한쪽을 줍는다

2019년 《미네르바》로 등단.

아듀 펜데믹

윤명규

잠자는 장롱 위 여행 가방
죽은 듯 가늘게 심장이 뛰고 있구나

손잡이에 깃발인 듯 묶여있는 캐리어 택
아직도 꿈속에서 구름 위를 펄럭인다

술 취해 귀가하는 지게꾼의
고단한 정강이인가
모서리마다 푹푹 파인 상처들
피맺힌 발꿈치에서 수레바퀴 소리가
우수수 떨어진다

양철지붕 위로 우박 쏟아지듯
시끌벅적했던 그때의 찰진 추억들
지퍼백을 두들기며
튀어나오려 아우성이다

이엉단처럼 함부로 누워있는
장롱 위 여행 가방
거미줄에 걸린 가느다란 꿈이
하늘을 타고 오른다

2020년 《미네르바》로 등단.

날개는 뒤돌아보지 않는다

윤옥란

매미 허물이 상수리나무 허리를 움켜잡고 있다
속이 텅 빈 껍질은 한때 어둠에서 지냈던 몸이다

땅속에서 꿈틀거리며 말랑거리던 투명한 빈 몸,
수직 금 긋고 등가죽 찢고 나왔다

말랑거리던 몸이 햇빛에 닿을 때 얼마나 따가웠을까
적들의 신호를 알려주는 은빛 날개의 보호막은 점점 두꺼워진다

비바람 몰아쳐도 떨어지거나 부서지지 않는 천상의 소리 듣는다
상수리나무 빈집에서,

지금 나는 바람도 햇빛도 들지 않는 눅눅한 지하골방에서
가시 같은 눈초리와 습한 외로움을 등에 업고 있다

낮에 두고 온 무거운 짐들은 잠시 무게를 떠났다가
귀가 열리는 순간 다시 생의 관절을 앓는다

소리를 떠난 적 없는 귀는 듣는다
영영 아물지 않는 산고의 가로줄무늬 빈집을 내려다보며
종일 여름을 등에 업고 반짝이는 소리를,

환상이 숨 쉬던 집

제 살의 온기를 묻고 나오던 집
그 집을 지나칠 때마다 내 온몸의 뼈가 뜨끔하다

어둠을 털고 나온 날개는 뒤돌아보지 않는다
매미의 미라는 시의 표본,
내 삶의 도감이다

2018년 《미네르바》로 등단. 시집 『날개는 뒤돌아보지 않는다』.

갈매기 편의점

이은수

강물이 꼬깃꼬깃 구겨지기 시작했어
성급한 문장이 나왔다가 없어지기도 했지
진탕 놀고 간 흔적이 하얗게 쓸어놓고 시치미를 떼고 있어

재갈매기 소리에 잠시 바다에 온 것 같은 착각
비어 있음의 가득함이
멈춘 시간을 파헤쳐 허공에 풀어 놓은 거야

두근거림의 윈드서핑이 바람과 놀아날 때
고래의 꼬리도 소리를 내기 시작했어

펄떡거리는 그리움은 아예 없지만
한때 은빛 반짝임은 흔적 되어 접근금지

기억에 또아리 틀고 있던 실뱀을 슬그머니 내려놓자
구겨진 파랑으로 들어가 버렸어

솟아오르는 물의 계단으로 비밀은 올라가고
새처럼 뛰어 올라 허공에 발자국 하나
젖은 기억을 마르게 하는 거지

편의점 앞 빨간 우편함엔
고독이 잠들어 시간이 거꾸로 박혀 있고

-날 건들지 마세요

물낯에 어른거리는 갈매기는 날갯짓으로 날아가고
포토그램에 투영된 미혹의 순간들

후루룩 날아가거나 가라앉은 부유물은
서성거리다 탈각된 모서리 말들이지
침묵보다 못한 낱말들이 윤회로 휘저어지는 건
가끔 어딘가 고장이 나는 언어의 한계였던 거야

-꺅 깍 끼룩 끼룩

2021년《미네르바》로 등단.

동백꽃 슬픔

이혜정

창밖에서 그리움이 손짓한다

성애 낀 유리를 닦아보지만
문틈에서 들어온 바람만이 곁을 맴돈다

기억을 되살려 주려는 듯
막 벙글어진 동백꽃이 옷자락을 잡는다

호스피스 병실에서 본 그이의 각혈
이별의 예감을 안고 돌아오는 길목에
동백이 흰 눈꽃을 피워내고 있었다
뼛속 깊은 곳에서 길어 올리는
핏빛 울음
송이송이 눈물이 맺혔다

그리고
겨울의 혈관 속에 피멍이 번져갈 때
만개한 동백은

툭
숭어리 째 떨어지고 말았다

2018년 《미네르바》로 등단.

정거장

정 빈

텅 비어 있어도
기다리고, 떠나는 물음이
수북이 쌓인 의자

뒤적이고 싶은 하루

한사람이
고즈넉한 풍경으로 앉아있다

언뜻
한적한 고향 풍경 같아서
마음에 담아 둔 그림 같은,

도심지를 벗어나면
스쳐 지나며 바라보게 되는 곳

순간의 평화가 몸으로 스며든다

브래지어 안 깊은 그곳에
아직 떠나지 못한,
뿌연 먼지 뒤집어 쓴
덜컹거리는 버스 한대 정차 중이다

보내지 못한 것들과
기다리는 것들로 만원이다

후회는
다음을 위한 안전장치였을까

울퉁불퉁한 길
여기까지 달려온
도시의 정류장은 한창 북새통이다

2018년 《월간문학》으로 등단.

스텔스

정윤서

가오리 한 쌍이 공중을 지난다
항행하는 옆구리에는 폭탄이 장전돼 있다
피를 봐야만 잠잠해지는 육식성
부표가 떠 있는 저녁 바다 위를 날아간다
그림자에 놀란 기러기 떼가 고도를 낮춘다
물 바닥에 붙어 사는 가오리가 자꾸만
수면 위로 뛰어 오른다

욕망의 바닥에는 은밀함이 살고 있다
검은 커튼 사이로 새는 환한 빛
연초록 양귀비가 꽃을 피웠다
잠복한 수사대

수평선을 지나온 검은 세단이 모텔로 간다
누워버린 취객을 밟으며 동굴게 몸을 마는 타이어
제 살 내음을 지워버린 아스팔트
출력되지 않는 영상들 탐지되지 않는 레이다

캘리포니아는 언제 갈 건데
뉴욕은 언제 갈 건데
전조등을 끄고 달려온 너는 나의 스텔스
두번째 애인
브루클린은 언제 갈 건데

뉴욕은 언제 갈 건데 개새끼야
모텔 말고 호텔
잿빛 구름에 가려진 너는 읽을 수 없는 스텔스

고도를 높인 두 대의 전투기가 금기의 문을 열었다
혜성이 지나가버린 하늘가에 검은 연기가 피어
오른다
정찰 전투 폭격
지평선이 사라지고 있다
읽혀지지 않는 항로에 날 수 없는 가오리
해석되지 않는 육식성
스텔스는 이제 없다
폭파된 잔해가 꿈인듯 식탁에 놓여져 있을 뿐

2020년 《미네르바》로 등단.

서귀포 마가렛 성城에서

최금화

'구름 위의 산책'이라는 영화가 떠올랐어
날개 아래 구름의 왕국에도 구릉과 숲이 호수와 빙하가 펼쳐졌지
오랜만이었어
날고 싶다고 언제나 나는 건 아니더군
흰 마가렛이 무릎을 스치며 손짓하는 정원을 지나
우리를 순식간에 중세로 데려간 마가렛 성
시간과 공간 밖에서 달려오는 남작과 백작부인
그 성에서 프루스트가 우리의 잃어버린 시간을 찾아 주었지
열흘 야화는커녕 3일 야화도 턱도 없었지
그 대신 잠시 나를 접어서 옷걸이에 걸어두고 나 아닌 너로 분장을 했어
가발과 모자를 쓰고 한밤중에 뮤지컬 페스티벌을 벌인 거야
이건 맛보기고 디데이는 내일이라지
본 게임 전인데 난 미소가 예뻐 미소 진이라고 부추기네
긴 핑크 드레스와 모자를 쓰고 굽 높은 샌들을 신어야 했어
촬영감독의 분주한 주문에 로봇이 되어야 했다니까
자유를 구속당하는 건 정말 싫어
백여 신을 찍는 동안 프레임 속에 갇혀있는 모델과 배우가 왜 힘드는지 알았어
컷, 컷이 아닌 롱 테이크라면 이미 배우겠지
다행히 프레이밍을 잘 맞춘 촬영감독이 시간을 당겨주었어
피사체야 얼마간 편집을 하면 되는 것이고
게르망뜨 공작부인은 인형 발에나 맞을 법한 직각의 뾰족구두에

발톱이 두 개쯤 빠져나갈 것 같다네
아무에게나 작위를 주는 건 아니지
남작, 백작, 후작, 공작은 없고 부인들만 섬으로 피난을 왔어
여기도 안전하진 않아 지구는 온통 코로나를 앓고 있거든
어이 촬영감독? 내러티브를 코로나 이전으로 하는 것 잊지 마
'데카메론'과는 좀 다른 플롯으로

* 서귀포 마가렛 성 : 제주도 서귀포의 엔틱카페 겸 펜션으로 중세풍의 옷과 소품으로 분장하여 사진촬영을 해주는 곳.

2005년 시평으로 작품 활동 시작. 2020년 《미네르바》로 등단.

시인과 달팽이

최진영

병柄 속에 갇힌 바람의 시

밤을 통과하는 불면의 창에
조각난 슬픔이 날捺로 서있다

벼랑을 기어가 듯
정처 없는 화두로, 목마른 시 한 줌 부둥켜안는다

상추 잎에 붙어 온 달팽이
유리벽 속에 옮겨 놓으니 성을 쌓아간다

갑옷 속에 방황을 숨기고
버겁게 기어가는 저 오체투지의 삶

철저히 혼자가 된 이방인

나는 바람에, 너는 허공에,
생각의 둥근 팔찌를 만든다

선인장의 옆구리에서
가시 솜털이 꿈틀 거린다

고요한 허공에 비껴 쓴 흘림체로

점점이 피어나는 시어들

노을이 내 몸에 꽃물을 들일 때 까지
낭창한 버드나무 활자들과
나비로 날고 싶다

2019년 《미네르바》로 등단.

지리멸치

태경섭

허기진 기억의 입을
떠받치고 있는 작은 함성

아우성치는 기척들이
하강하고 있는 낡아버린 꿈들의
그림자를 밀어내고 있다

망각의 발이
늑골을 들고 일어날 때

몸을 관통하던
와글와글한 여운들이
얼키설키 지어논 집에

베틀이
허공의 닻에 매달린
저물녘의 해를 주워 담고 있다

푸른 심줄들이 들어와
잇대어 출렁이고

물결 위에서

별들이 춤을 추는 한마당

수심가를 풀어내고 있다

2020년《미네르바》로 등단. 시집『안부』.

시와 사람

강경호 강나루 고경자 김은아 김청수 박정선 박판석
박형숙 서승현 손수진 예시원 오선덕 이동식 이상범
임인택 전 숙 조경환 조세핀 차행득

산을 내려가며

강경호

오른쪽 무릎이 아프다
계단을 오를 때만 아프더니
이제 내려올 때도 아프다
오른쪽 신발 뒷축이 쉽게 닳아지는 것은
단 한 번도 나의 삶을 교정하지 않고
함부로 걸어왔기 때문이다.
정상을 바라보지만
누군가는 함부로 오르지 말라고 한다
실상은 정상을 포기한지 오래인데
숨이 가빠 길에 앉아 내려다보면
필사적으로 올라온 길이 까마득하고
정상을 향해 오르는 사람들
언제부턴가 왼쪽 신발 뒷굽도 닳아지고 있는 까닭에
나의 생은 균형이 깨져 산을 내려가기도 버겁다
슬개골 틈이 벌어져
통증이 다리 아래로 내려가고 있다
무소처럼 앞만 보며 이를 물고 걸어온 통점들에
침을 꽂고 약침을 놓지만 통증은 일상이 되어버렸다
정상을 꿈꾸면서도, 끝내는 오르지 못하면서
지나쳐버린 나의 보행

함부로 걷는 길은
올라가는 일도 내려가는 일도
무모하다.

997년 《현대시학》으로 등단. 시집 『함부로 성호를 긋다』, 『잘못 든 새가 길을 낸다』 외, 한국시인협회 젊은시인상 수상. 《시와사람》 발행인.

사라진 슬리퍼

강나루

골목길 가다보면
벽에 붙은 샤시문 늘 닫혀있다
그 앞에 놓인
검고 작은 슬리퍼 하나
장맛비가 내리는 동안
그 자리에서 꼼짝하지 않고 비를 맞는다
어느날 인기척이 들리더니
노인 하나가 종이박스와 파지를 들고
벽 속으로 사라진다
반쯤 열린 벽 사이로
차곡차곡 쌓인 파지며
노인의 남루가 눈에 들어온다
겨울을 지나는 동안
골목길을 지날 때마다
기침소리 쿨럭이는 소리 들리더니
쉽게 신고 쉽게 벗을 수 있는 슬리퍼
올 봄부터
벽 앞의 슬리퍼 보이지 않는다.

2020년 《시와사람》으로 등단.

투명하고 창백한 별과 별 사이에 낀 눈물

고경자

삼 일 내내 종이꽃으로 가득 찬 관이 있었어
관 속은 텅 비었지만 오싹한 기분이 들지 않았어

꿈속에서 내 이름을 부르던 당신의 목소리
그날 새벽 부고를 알리는 전화가 올 줄 알았어

당신은 지금 어디에 있나 물었지만
대답을 들을 수 없다는 것 알고 있었어

알 수 있는 곳에 없을 것이라 잠시 의심했을 뿐이야
의심이라는 작은 구멍에 손을 집어넣었다 얼른 뺐더니
코스모스 유달리 예쁘게 피었다 진 계절이 왔어

벚꽃이 늦게 피었다 꽃비가 내린 사월이 도착했어
거실 한가운데 걸린 가족사진에는
정지된 시간이 해바라기로 피어났어

작년에 보낸 편지가 이제 집에 도착한 거야
그때야 느린 시간이 있다는 것을 알았어

있어야 할 그 자리에서 사라진 것들이
한번 들어가면 나오지 못하는 관 속에 있었어

역할이 끝난 배우처럼 퇴장하고
뜬금없이 왔다가 사라지는 소나기처럼 당혹스런 눈물은
연극이 끝날 때까지 멈추지 않을 것 같았어

투명하고 창백한 눈물은 보이지 않을 뿐이라는 것을
별과 별 사이에 낀,
떨어질 때 마침표를 찍은
두 개의 별이 사랑이라는 것을 너무 늦게 알았어

2011년《시와 사람》으로 등단. 시집『하이에나의 식사법』,『고독한 뒷걸음』,『사랑의 또 다른 이름』.

겨울 섬진강

김은아

바위를 매만지며
모래톱을 만지며
눈 덮인 섬진강에 겨울바람이 달려온다

켜켜이 쌓인 시간과 기억의 무게들이 들썩거린다
강은 추위를 보듬어 안고
단단한 침묵을 깨우며, 적막을 털어낸다
한 생이 어디서 와서 어디로 흘러가는지
저마다의 이야기를 품는다.

작은 것에도 위로를 받고
감사하고, 행복해할 때
삶은 강물처럼 가슴에 저마다의 무늬를 새기고
두려워 말고, 기죽지 말고, 외로워하지 말라 한다.

인생은 아침 이슬과 같은 것
가슴엔 견고한 어둠이
강물이 되어 흐르는 소리를
겨울 섬진강에서 나는 보았네.

2010년 〈무등일보〉 신춘문예 시 당선. 2011년 《시와사람》 신인상. 전국 계간문예지작품상 수상. 시집 『흔들리는 햇살』, 『흰 바람벽』.

용연사

김청수

신록이 짙은 6월
적멸보궁 돌계단 올라가다보면
두꺼비 한 마리
법문 듣고 있다

전생의 업으로는
어디로도 돌아갈 수 없는
길 위에 앉아,
목탁 소리 듣고 있다

묵시의 저녁을 내려놓은 순례자처럼

용연사 깊은 그늘,
화엄 속으로 걸어 들고 있다

* 용연사 : 대구광역시 달성군 옥포읍 용연사길 260.

2005년 시집『개실마을에 눈이 오면』으로 작품활동 시작. 2014년 계간《시와 사람》으로 등단.『차 한 잔 하실래요』,『생의 무게를 저울로 달까』,『무화과나무가 있는 여관』,『바람과 달과 고분들』출간. 함시 동인 활동. 창작과 의식문학상, 고령문학상, 대구의 작가상 수상, 고령문인협회 회장.

감꽃

박정선

감꽃 떨어지는데 소식이 없다

다시 돌아와서 콩을 심겠다던 약속
구십 노모가 안방에서 입으로 먼저 콩을 심는다
가뭄에 먼지만 날린다

무너져가는 방에 폭우가 쏟아진다
여자의 시간이 흔적도 없이 사라진다

매일 밤 헛걸음질하던 남자가 불나방 속으로 걸어간다
마당 깊은 집 지붕에 감꽃 만발

뻐꾹새 날아가자
콩꽃이 진다

2010년 《호서문학》으로 등단. 시집 『라싸로 가는 풍경소리』, 『잉크가 마르기 전』.

오해

박판석

모가지 없이 꽃대만 올라온 꽃송이
젖은 한생이 뱃속에 와 집을 짓고 살았어도
여적,그 다운 이름 하나 불러주지 못했다
사내가 욕을 먹고 이승을 떠나던 날
술도 함께 슬피 울며 억울한 이름으로 순장殉葬됐다
방연芳年의 나이로 찾아왔던 날부터
그는 온갖 시달림을 받고 궂은 심부름을했다
화가 치민 어느 날 도로 가장자리
전신주 곁에 그를 세워놓고 홀로 가버리기도 했고
의도하지 않은 길로 도깨비처럼 그를 끌고 다니기도 했다
기실, 그의 실수는 아니었다
흔들리는 것은 사내의 심지였으므로
누명의 눈총을 그에게 쏘지 말아야 했다
독 속에 갇혀 지낼 땐 말없이부글부글 속 다 끓이고
맑게 가부좌하여 용수 속에 차분히 갈앉아 있었고
사내의 여정에 따라 기쁨의 화환이 되었거나
때로는 슬픔의 조화로 눈물을 흘렸고
한생을 보시布施만했지 아무에게도 참칭僭稱하지 않았다
어느 누구도 그를
시비하거나 순장시키지 말아야 했다

《시와사람》으로등단. 시집『새벽산길』『도토리 열매 속에는 큰 산 하나 들어가 살고 있다』, 『소년 오두산』. 원탁시회동인. 올해의 작품상(광주), 국제펜광주문학상, 광주문학상 수상.

나도! 나도!

박형숙

엄마가 주방에 들어서면
조미료 병들이
까치발을 해요

나도! 나도!
오늘 요리에는
자기가 꼭 들어가야 한다고
시끌벅적!

-조용, 조용, 조용히
무얼 만들까
아직 결정도 안 했거든요
엄마가 조미료 병들을 토닥토닥

간장, 소금, 설탕, 식초, 참기름, 깨…

모두가 까치발을 내리고
-무얼 넣을까?
엄마 손 끝을 따라 다녀요.

2021년 《시와사람》으로 등단.

나비 문을 닫는다

서승현

늦가을 햇살 아래
한 쌍의 금 숟가락이 마르고 있다

옻칠한 반닫이
황금빛 나비 날개 접었다 펼칠 때마다
컴컴한 구석자리에
날개옷 한 벌쯤 있을 것만 같아
뒤져 보고 털어보아도
날개였던 적이 한 번도 없는
물 바랜 원피스 구겨진 주름뿐

옥황상제 가문의
금숟가락 선녀가 아니었기에
수직상승 할 날개옷은
야무진 나뭇꾼도 숨겨놓지 못했다

녹슨 문 여닫을 때마다
부스스 떨어져 내리는
꿈의 조각들

쇳가루같은 꽃씨를 뿌린다
접시꽃, 당아욱, 부용, 꽃양귀비, 금영화…
뿌리 잘 내릴 만큼 고운 흙을 덮고 물을 뿌린다

내년 봄 꽃 피울 꽃순가락 정원은
금순가락 나비 문 닫은 곳
습기 축축한 어둠 속에서 비로소 싹튼다

2001년 《시와사람》으로 등단. 시집 『푸른현호색꽃 성채에 들다』, 『분홍, 서러운 빨강』 등.

그때의 공기는 신산한 적막

손수진

대낮인데도 밖이 어둑해지고 쓸쓸해지면
어머니는 사립을 내다보며 중얼거렸다

-뭐가 올 것 같다

문틈 사이로 스산한 공기 일렁이고
뒷산 칡넝쿨이 마당까지 내려오거나
먼 산 짐승의 쉰 목소리가 들려올 때

그때는 까닭 없이
어머니의 반경이 그리울 때

2005년《시와사람》으로 등단. 시집『붉은여우』외. 전국계간문예지작품상, 전남시문학상 수상.

바람에 깡통 굴러가던 날

예시원

너덜거리는 포장마차가 그리운 날
바람 부는 언덕에서
오래된 풍차가 바람을 맞고 있다
지나간 옛 그림자를 떨쳐내며
바람 불어 좋은 날
사내가 휑하니 찬바람을 맞고 있다
거리엔 쓸쓸한 고독만이
밤길을 가득 채우고
오늘은 왕창 취해 망가지고 싶다
바람 불어 좋은 날
바람아 멈추라고 욕지기를 해 댄다
바람에 날리는 낙엽처럼
빈 깡통만 요란한 소릴 내고
두루마리 휴지가 저기서 여기까지
옷을 벗고 바람을 먹고 있다
바람 불어 좋은 날
낙엽도 떨어지고 깡통도 굴러가고
휴지는 해방녀 머리카락처럼 풀어진다
늘 언제나 그렇듯이
희붐한 새벽은 또다시 밝아온다

《시와사람》으로 등단. 시집 『아내의 엉덩이』 외.

폐역, 수레국화 옆에서
—서도역에서

오선덕

벚나무는 소리도 없이 몸을 비워 냈다 밤새 소복소복 꽃잎이 내리던 철길은 눈부셨다

폐역을 떠돌던 묵언의 메아리는 붉은 양귀비와 보랏빛 수레국화로 피어났다

희미한 기억을 닮은 굽은 평행선, 떠나간 기차를 따라가기라도 하듯 구를 채비를 하는 수레바퀴 꽃

나무 의자에 앉아 기차가 떠난 방향을 바라보며 일어설 줄 모르는 여인의 머리가 벚꽃을 닮았다

점잖은 밥 한 상 천천히 다 먹을 만한 시간이면 닿는다던 정거장*

이제는 울리지 않는 기적, 녹슨 기찻길 위를 수레국화가 덜컹거리며 달려가고 있다

* 최명희 『혼불』 중에서.

2015년 《시와사람》으로 등단.

아카시아

이동식

여린 열풍 따라
가마솥에 다려낸 진한 향내는
추억의 그 시절을 소환하고 있다.

왕자를 기다리던 수줍은 덧니는
동그란 너울로 가리고 숨었건만
익숙한 향기, 너인 줄 금방 알았다.

반가워 떨리던 심장 감추려
애꿎은 잎사귀 한 잎씩 떼어
감춰 둔 마음 꺼내 너에게 보낸다.

보고 싶다! 아니다!
보고 싶다! 아니다!
보고 싶다! 보고 싶다!

《시와사람》으로 등단.

독살

이상범

다분히 의도적이었다.
인간 사냥법에서 따왔을 지도 모른다.

자연의 이치라고 거들기도 하였지
처음엔 눈치 채지 못했을 것이다

팔딱거리는 생의 지느러미
툭! 툭!
바닷물을 가른다.

한때는
천적과 생명을 걸었을 독기와
연모하는 이에게 띄웠을 날것의 연서를
기억해내고 있었을 것도 같았다

누군가의 지어미였거나 지아비였을 너에게
어살의 올가미를 씌운 나의 살생은, 어부라는 이름
생의 마디는 그렇게 칸을 내고 있는 것이란다.

썰물 때 늦장부린 너의 처사도
함부로 용서하지 말거라
저 환한 불빛 아래 도시의 골목 끝에도
인간의 독살은 존재하는 법이었다.

* 독살: 밀물 때 올라온 물고기를 썰물 때 빠져나가지 못하도록 돌 그물 안에 가둬잡은 원시적 전통 어로법. 신안 증도에 1900년도에 형성된 독살바위가 있다.

2020년 《시와사람》으로 등단. 시와시학회 동인.

부재

임인택

그리운 맛은 그리운 기억을 호출한다
부재의 존재가 사람의 마음을 흔든다

외식 자리에 밑 반찬으로 차려진 멸치 볶음
생전에 좋아하시던 청양고추 볶음 멸치 올랐다

고봉으로 떠 자시던 보리 숟가락

이 엄동설한에 누워 계실 아버지의 발가락이 얼어서
유토피아와 헤테르피아 세계에 눈이 내린다

피안 차안 그 경계 세 가락이 혼재하는
언어 밖의 체위

삼각 초점이 흔들리며
젓가락이 일행에게 마음을 들키다

우포 늪지 가장자리 같은 습한 눈꼬리 세 개
옛날에 산다.

2018년 《시와사람》으로 등단.

저녁, 그 따뜻한 혀

전숙

폭풍우 지나간 폐허에 서서
누군가 말한다
생은 겪어내는 일이라고

길고양이처럼 저녁이 살금살금 기어오면 늘어지게 하품하는 노을이 어둠침대에 하루치의 고단을 눕힌다. 호주머니 속으로 뉘엿뉘엿 저물어가는 일상이 길쭉한 자루에 굽은 허리를 펴는 언저리에 저녁의 혀가 태어난다.

저녁을 안아주고 싶다는 생각을 한 적이 있다
막장까지 겪어낸 생이 집으로 돌아가는 골목
꽃 지는 목련나무까지 마중 나온
굴뚝은 모락모락 밥 냄새를 피우고
어느새 따뜻한 만복이 온몸에 퍼진다

저녁을 품기 위해 어둠의 가슴은 넓어진다
낮 동안의 폐허를 덮어주기 위해서다
낮아지는 숨소리
관절 펴는 소리
밥 먹는 소리
하루가 사각사각 되새김질 되는 소리

저녁은 소리부자가 된다

저녁의 소리는 혀처럼 부드럽다
하루를 쓸어주고 핥아준다
저녁의 형용사는 혀라고 달의 분화구에 새겨본다
달빛이 쑥 내민 혀로
폭풍우 겪어낸 길고양이를 핥고 있다.

2007년《시와 사람》으로등단. 시집『나이든 호미』,『눈물에게』,『아버지의 손』,『꽃잎의 흉터』,『저녁, 그 따뜻한 혀』. 고운최치원문학상 대상, 나주예술문화 대상, 전국계간지작품상, 백호임제문학상, 한국Pen 문학상, 제3회 한국가사문학대상 우수상 수상.

구안와사

조경환

구안와사가 왔다

아리아드네가 건넨 실타래를
내가 받아두긴 한 건지
여인이 내린 줄이면 무조건 움켜쥐던
탯줄 끊어지기 전의 본능에 집착한다

세이렌의 노래에 현혹되지 말자는 다짐마저
깨자고
맥박이 내 가슴에 저항한다

새벽이슬 털며 산 내려오는 사람처럼
수상해 보일까 봐
매달린 몇 방울의 이슬 멈칫한다

한 발 앞이면 손 뻗어 잡으면 되지만
두 걸음이면 조금 먼가?
접안하지 않은 배와 나의 거리는 그렇다

이만큼 간격이면 눈 윙크 가능한지.

2019년 〈광남일보〉 신춘문예 시 당선. 2021년 《시와사람》으로 등단.

발톱

조세핀

봄을 산란하고 있는 꽃병이 발등에 떨어진다

한낮에도 밤의 그림자를 걸쳐 입은 듯하다
멍꽃이 피어난다 통증이 씨앗이 되어

작은 신들이, 시무룩한 일상을 눌러쓰고
납작 엎드린다 틈을 비집고 다닌다

금기 된 껍데기들의 욕망이 매달려 있다
물기 없는 나무 꼭대기에, 댕강

그들은 호두처럼 단단해져 간다
아팠던 기억은 문신으로 구겨 넣는다

가끔 아주 가끔은
내게 간절한 눈짓을 보내오기도 한다

그제야 비로소 깨달았다
호의로 대신했던 외면의 날들이 너무 많이 부풀어져 있음을

가슴까지 자라난 불편을 품어주기로 한다
검은 두근거림이 호흡으로 대신하는 날에는

쓸쓸한 너에게 색깔을 입혀주고 싶다
고요한 저녁이 외투를 펼치듯, 병든 감각이 깨어나듯

시든 곰팡이가 꽃으로 피어나고 있다.

2016년 계간《시와사람》으로 등단. 시집『고양이를 꺼내 줘』.

단풍, 그 당당한 문장

차행득

산사 벤치에
청려장에 의지한 망백望百 노구
지는 단풍 바라보신다
푸른 빰 스치던 바람 이야기나
알탕갈탕 지나온 길이나
호락호락 않던 생의 지문들과
무시로 들락거린 흑백 기억들
모아 모아 내리고 있다고 바라보신다

그 사이 어깨를 겯고 살아온
해묵은 연민 몇은 떠나보내고
멍들고 패인 시간과 고비들이
향기를 지녀 붉게 물들었다고,
꽃이 된 붉음이라고
깊어질 대로 깊어진 눈빛
마주칠 때마다 보따리 푸신다
저물 듯 환하게 웃는 모습 못 본 척
시선을 바꾸지만, 홍조 띤 양 볼 곱게
무르익은 문장 가득 머금고
멀찍이 바라보신 막힘없는 당당함

서늘한 하늘빛 한 잎 주워들고
반백 년은 더 팔팔할 것 같이

2015년 《시 詩 see》 신인상. 2020년 《시와사람》으로 등단. 시집 『그 남자의 국화빵』.

시와 정신

고명자 구지혜 김규나 김승필 노금선 박종영
박한송 안창현 오영미 원양희 이윤소

귀뚜라미가 창문 아래에서 운다는 구월의 밤

고명자

지상에서 딱 한 가지만 훔쳐오라고 한다면

겁도 없다 혀를 찬다 하더라도
귓속 가득 채워 갈 수 있다면

골똘똘…
귀뚤뚤…
두 쪽 귀를 떼어 허공에 걸어둔 밤이네
고요 위를 앉았다 누워보고
몇날 며칠 불도 켜지 않은 밤이었네

사실, 내 늑골의 틈에도 쇠톱 한 자루 박혀있는데
이를 악물고 잊은 오래 전의 일인데
불현듯 떠오른 노래로 온 몸이 쓰라려 오네

가을밤이네
울음이라는 曲이 빛을 발하네
찌르륵 찌르륵 ㅉㅉㅉㅉㅉㅈ
잠들지 못하는 나를 불러내는 명랑한 곡조

천리만리를 두드리는 떠돌이 몸이
검은 유리창을 기웃거리네
풀잎 화관을 쓰고 옆구리를 비비적비비적거리는데

소리에는 지붕이 없다네
벽이 없다네
들판이 집이라 노래 부르니 울림이 맑네

슬픔을 모르는 더듬이 하나가
내 늑골을 툭 치고 창문 아래로 지나가는 밤이네

2005년 《시와 정신》으로 등단. 전국 계간지작품상 수상. 시집 『그 밖은 참, 심심한 봄날이라』 외 1권.

나의 창세創世 30
—염이㢊㢊

구지혜

하늘에 박혀 있는 문고리 잡아당길 때가 있다
일정한 크기의

방향으로
먼 생활이 언 손가락을 끌어당길 때, 눈바람 속으로 쩍쩍
유년이 자물려 와 눈을 감는다 그걸 녹여
자장자장 찢어진 문풍지를 재우고 싶었나 봄은 기원起源인가요

아직 사소한 성에조차 속눈썹에 둘러붙어 있다
하필 지금 오늘에 절거덩절거덩 한겨울이 있다는 것

끝과 끝이 맞붙은 마음으로 서로가 생성될 때
손바닥이 둘러붙도록
열거나 당기거나, 하나의 온기를 잡았을 터인데
그것은 오돌오돌 떨린 은밀일까요

어떤 고택 대문엔 품위 있는 문패 앙버티며 꼼짝도 하지 않는다
해와 달의 인기척 하나 바스러지지 않는,

삐거덕 이지러지는 잦은 소란에게
저곳에서 시작해 이곳으로 끝나는 저곳으로 끝나 이곳으로 시작하는

구름에게

오랜 시간 해와 달이 무섭게 오갈 때
일순, 하늘에 박혀 있는 쇠고리에 구멍이 생긴다
꽝 꽝 박제된 날카로운 비수悲愁

이곳을 좇으려면 깃털 없이도 부리 가슴에 묻을 수 있는 악귀의 형상으로,
저곳을 좇으려면 한 뼘 낮아진 까치발로 악귀의 넋을 잃은 채
방향에

일정한 크기에
일순, 어둠을 쪼는 별의 부리 닮아 구멍 난 세계 열릴 때 있다

2011년《시와정신》으로 등단. 시집『그늘을 꽃피우는 시간』.

구두

김규나

나는 늘 배를 타고 다닌다
굽이 조금 높은 배와 낮은 배
배를 타지 않고는 문 밖에 나가지 못하므로
저 삭막한 땅은 바다가 된다
때로는 불시에 들이닥친 물과 만나
배의 밑바닥을 핥아준다
사람은 섬이므로 배을 타야 만날 수 있다
무장무장 노를 저어도
어떤 섬은 너무 멀리 있어 가 닿지 못한다
섬과 섬 사이를 재는 척도
먼 거리도 그리워하면 가깝기 때문이다

2020년 《시와정신》으로 등단. 시집 『꿈꾸는 엘리베이터』. 서사와 문체 동인.

미역섬

김승필

물들기 전 이 섬을 빠져나오는 저 사람들 몸동작이 느릿하다

본섬에서 가장 멀리 떨어져 한 해 넘어 두 해 넘어 눈이나 감으면 잊을까 맹골수도孟骨水道에 남편 갖다 바치고 아들 소식 끊긴 지 석 삼 년이라

다리도 아프고 숨도 차고 모진 목숨 아니 죽고 살려니 고생이라 비빌 언덕도 없이 격랑激浪을 건너고 또 건너,

동춘서커스단 단역처럼 내내 말 없다 쿵, 등짐 부리며 저 할머니 "몸써리난다 몸써리나, 참말로" 정녕

바람 속에는 이 세상을 살다간 사람들의 목소리가 살고 있구나, 마음은 죽어도 몸은 죽을 수 없는 할머니 넷

2019년《시와정신》으로 등단 시집『옆구리를 수거하다』.

연

노금선

줄 끊어진 연이다
열심히 살아도 아슥한 방향에서 길을 잃었다

게으름이 풀어지면 나태가 되감겼다
한때 높이 올랐던 자신감은
빼뚤거리다가 이내 권태 속으로 곤두박질쳤다

전갈에 물린 사람은 하루 만에 나았는데
사람에게 물린 사람이 희망을 오래 앓고 있다

눈뜨면 TV 켜기가 두렵지만
두려워서 또 켠다
일자리는 없어지고
정치는 부정부패의 온상이 되고
사회는 짐승이 사는 정글로 변했다

욕심껏 감다가 손바닥 베어버린 연줄처럼
정상과 비정상이 바뀌고
나 홀로 천국이 되어버린
共同의 사회는 空洞의 사회가 됐다

바람에 날려 저 멀리 감실감실
자취를 감추는 일상,

사람이 사람을 두려워하고
세상 향한 얼레는 죄다 풀어놓고
죽음 같은 공포만 커져간다
더 무서운 건 빠각거리는 소문들이다

다시 연을 날리자
연줄을 감아쥐고 달리자
풀럭풀럭 날아올라 자연으로 돌아가자
희고 긴 꼬리를 흔들며
멀리 높이 연 하나
하늘을 날고 있다

2000년 《문학사랑》으로 등단. 시집 『꽃 멀미』 외 4권 발간.

멸치국수

박종영

바다 위에 섬 하나 떠 있다
둥근 접시에 올라앉은 바다

떠도는 섬 위 비린내 몇 마리 올라있다

푸르게 익어가는 마음 몇 점 떠다닐 때면
비린내를 맡으러 몰려드는 손님들

바다는 섬을 안고 가마솥에서 풀어지고
정수리까지 물이 차올라 넘치면

주인장은 풍성한 바다 이야기를 들려준다

바다는 섬을 몇 번이고 가뒀다 풀어주고
섬은 바다를 몇 번이고 품었다 놓아주는 날이면

떠도는 섬들 정박시킨 마을은 고요하게 잠들고
밤이면 은빛 물결 뒤척임에 가끔 잠에서 깨는 멸치국숫집

세월의 고단함에 빛바랜 흰 머릿결 찬물에 헹구고
고명 닮은 신선한 친구 몇 명 데려와 함께하는 풍어제

궁핍한 어둠 밀려오면

날 선 비바람 모가지 비틀어 앉히고 칼춤을 추는 바다

길게 늘어선 줄 끊어지면
하루를 마감하는 분주한 어선들의 손놀림

어둠이 허기진 사람들을 삼키고 난 자리마다
바다 위를 둥둥 떠다니는 빈 그릇

식당 문 나서는 사람들 몸에선 한결같이 비린내가 훅 풍긴다

2017년 《시와정신》으로 등단. 저서 『서해에서 길을 잃다』, 『우리 밥 한번 먹어요』.

우리 집엔 무지개가 살아요

박한송

오빠는 그런다
엄마가 해 준 음식 먹으면
빨주노초파남보
무지개가 보인다고

엄마는 그런다
잠자는 내 모습을 보면
빨주노초파남보
무지개가 보인다고

2015년《시와정신》으로 등단. 동시집『엄마는 집이다』,『아빠는 잔소리꾼이다』.

마지막 기도

안창현

뜨거운 한낮 어리부채장수잠자리 하나 콘크리트 바닥에 여섯 손 모으고 날갯짓을 멈추고 균형을 잡듯 날개를 좌우로 펴고 꼬리를 바닥에 꽂고 버티고 자는 듯 죽은 듯 적막하다. 천지가 모두 녹아내려 빈틈없이 하나가 되어갈 무렵 인류는 무릎을 꿇고 두 손을 모아 깊이깊이 태시부터 헤아려 알갱이를 진리를 찾았는가 아는가 돌아보아야 한다. 우주의 여름 끝 천지의 모든 것을 모아 익히고 익혀 모든 인간이 본 모습을 찾아야 열매를 맺는다는 우주의 가을로 치닫는 이 폭염 속에서.

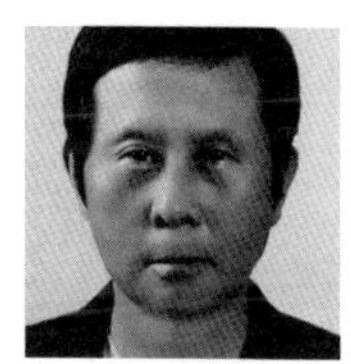

2004년《시와정신》으로 등단. 시집『외계행성으로』. 시와정신상 수상.

헌신짝처럼 떠난 7월에게

오영미

7월이 8월에 헌신하겠다고 선언하다
누가 헌신해서 헌신짝 되라고 했어?
헌신은 아무나 하는 게 아님을 모르셨나?
헌 신이 새 신보다 훨씬 편하긴 하지
새 신이 설레고 모양새 난다는 거 정도는 인정
행사용이나 장식용 말고 매일 신고 싶은 신
함부로 아무에게 헌신하겠다는 말은 하지 말 것
신은 짝이 맞아야 하는 법
전능하신 神도 제 짝 찾기 어려워 헤매는걸
신어 보고 걸어봐야 느낄 수 있지
고요히 닳고 닳아 바닥이 닿을 때
거룩한 주름이 접혀 헐렁해질 때
헌신은 헌 신에게 헌신하길 잘했다 칭찬하게 되지!
7월아, 꽉 낀 신 신고 수고 많았다!

2015년 《시와정신》으로 등단. 시집 『나도 너처럼 오래 걸었어』 외 7권
충남문학상 대상 · 작품상, 한남문인상 젊은작가상 수상.

아주 먼 옛날에 만나요

원양희

수취 불명의 적적한
우편물만 쌓여가네요
낡은 복도 지나 층계마다 놓인
화분들 곁에 가만히 몸 기대면
자잘한 식물처럼 시들어갈까요

누구에게나 무엇에게나
절명絶命의 순간 있겠지요

시간은 넌출거리는 곡선처럼
무한대로 우리를 데려갈 거에요
이제 막 드리운 햇살까지
동봉하려는 이 편지는 오늘부터
천 년 쯤 전으로 도착할지 몰라요

버들개지 고요히 떨리는
언덕에 앉아 먼 산,
먼 산의 이마를 보듯 당신,
눈부시게 저를 알아보겠지요

무덤 위로 눈발 날리고
무덤 쓰러지고
풀들이 싱그럽게 솟고

무덤자리인지 모르고 지나는 사람
드문 드문 보이는 아주 먼 옛날
그때 만나요

2016년 《시와정신》으로 등단. 시집 『사십계단, 울먹』.

진원지

이윤소

소문의 무게는 각각 다르다
눈과 귀와 입이 한데 섞여 어우러진 숲에서
자고 나면 쏟아지는 입, 입, 입
숲에는 적재 창고가 있어
종잡을 수 없는 새들이 카더라를
예다제다 물어 나른다
주장과 의견과 경험을 자양분으로 숲은 날마다
새로운 먹이로 채워 나갈 때
새들은 활자처럼 우르르 날아든다
힘없는 나무들은
벌목꾼에 의해 베어지거나
더러는 안간힘으로 버티기도 한다
사람들 조심스레 숲을 걷지만
듣꽃을 보다 길을 잃거나
늘어진 가지에 걸려 넘어지기도 한다
어둡고 축축한 이야기들 틈에서도
가끔 훈훈한 미담이 귀퉁이 숲에 걸린다
가령 쓰러진 나무가 약한 나뭇가지를 치켜 준다던가
오솔길에 그늘이 되어준다던가
달달한 소문일수록 출처는 금방 드러나지만

새들이 온갖 것을 물어 나르는 숲의
진원지는 어디인지 알 수가 없다

2015년 《시와정신》으로 등단. 시집 『귀를 두고 내렸다』.

열린 시학

구애영 김경옥 김선희 김윤숙 박민교 박희옥
신준희 윤향기 이규원 이지엽 이형남 임미리
장기숙 정영희 정옥선 표문순

졸업사진

구애영

사진이 도착했다
낯선 여자와 내가 어색하게 마주본다
안녕하다는 듯이 웃고 있다
명랑하다는 듯이 머리손질을 하고
가장 평온한 날씨가 되어 바깥을 보고 있다

홀로, 액자 안쪽에 이주한 걸까
눈썹은 대칭을 맞추지 못했어도 정성껏 그려져 있고
텅 빈 가르마도 조금은 들떠있다
후박나무 새움 같은 속눈썹이 이쪽의 생을 필사하려는 듯
먹물을 잔뜩 머금고 있다

환한 조명 앞에서 늦가을처럼 앉아있는 여자
겨우 입을 떼며 사진사에게 몇 마디 건넨다

웃어야 가족들이 좋아해서…
자꾸 표정이 굳어가요
잘 나오면 확대해서 간직하려고…
김치-치-즈 하세요

온화한 얼굴하나 남기려는데

이미 한 마음이 다른 마음에게 들켜버렸다
찰칵, 남은 생이 인화된다
어딘가에 찍혀 넘어간

2016년 〈강원일보〉 신춘문예 당선. 시집 『나의 첫 사과나무에 대한 사과』. 전국계간지작품상, 매일시니어문학상 수상,

화엄 홍매

김경옥

유순한 눈동자마다 살가움이 고이는 계절
행락객 파도처럼 들어왔다 나가
고요에 푹 잠겨있는 큰절 마당 서보네

먼지 툭툭 털며 각황전을 오르면
산호빛 작은 눈 마중이나 하듯이
가지 끝 다소곳하니 나를 보고 있었네

찾아온 이유쯤은 다 아는 수령 삼백 년
가끔은 철 잊은 듯 모르는 척 사는가 봐
화엄사 꽃잔치 뒤에 몇 송이 말씀 있네

천황봉 큰바람이 석등을 돌아들어
동안거 깨친 소식 두둥실 꽃달로 뜨면
그 자리 함께하자고 기약하는 선한 웃음

2015년 《유심》으로등단. 한국가사문학대상 우수상, 열린시학상 수상.

순간 침묵

김선희

한 마디가 비수 되어 가슴에 와 꽂히면
뭐라고 말을 할까 화를 한 번 내볼까
참느냐 터뜨리느냐 순간적인 깊은 침묵

눈길을 피하고 상대방 말 피하면
배고파 우는 아이처럼 혼자 울게 될까
위로는 내가 하는 것 꽂힌 비수 빼는 것

2001년《시조세계》로 등단 시조집『올것만같다』외.

장무상망長毋相忘

김윤숙

바위는 바위끼리 나무를 꼭 매었다

바람소리 휘는 꽃대, 겹겹이 단을 쌓아

먼 해역 밀려오는 파도 오롯이 받아친다

때로는 쓸쓸함이 등살처럼 돋아나고

머뭇대던 의중에 실룩이는 입가주름

마스크 한 겹 가려도 심중이던 그 눈빛

단산 기려 놓는 걸음, 한 획 길게 내리며

푸름을 얹힌 너에게 간절함을 전하는

맨 처음 주고받은 맘 지금 그대로겠지

*추사의 세한도, 이상적에 전한 말, 차용.

2000년《열린시학》으로 등단. 시집『가시낭꽃 바다』,『장미연못』,『참빗살나무 근처』. 한국시조시인협회 신인문학상, 시조시학 본상 수상.

식목植木

박민교

누군가 꿈속에서 나무가 된 나를 심었다
그런데 왜 하필 어머니 가슴 한가운데인가

무작정
기생하면서
뿌리를 뻗고 싶다

저 고고한 무수無憂樹 단념일까 집념일까
절벽 아래 누워서 울어도 봤을 텐데

나 없이
살아가는 너
너 없이 살아가는 나

입 눈도 채우지 못한 채 가지만 휑하더니
내게로 오면서 어떤 꽃이 피어날까

이제는
꽃망울까지
다닥다닥 채울 거야

2020년 〈중앙일보〉 시조 백일장 장원. 시조집 『나무가 된 나를 심다』.

등꽃, 환한 날에

박희옥

보랏빛 치마 속에 옴스란이 감춰둔 향
톡, 쳐본 손가락에 쩍쩍 묻어나는 전율
슬며시
비집고 나온
관음증이 왜? 꿈틀,

꽃 속에 징거매둔 풀 수 없는 아픔 하나
해질 무렵 정박된 포구에 배 한 척 같은
외로움 다 쓸어안은 섬 하나로 솟겠네

굽은 등 비틀면서 피워 올린 등꽃 타래
겁나게 아파왔을 나무둥치 뼈 울음은
숨겨둔
아버지눈물
출렁, 내게로 오네.

2009년《시조문학》으로 등단.시조집『들꽃, 쑥부쟁이는』,『압화 혹은 시』. 경기시조 작품상, 시조사랑 문학상, 시조문학 작품상, 열린시학상 수상. 경기시조시인협회 명예회장.

자작나무 흰 그늘

신준희

간신히 건너오던
외나무다리 낡은 그 길

햇살을 만지작거리며
이석증을 앓던 그 집

흰 벽 속
해 달 별 눈 비

기다려요
당신을

2018년 〈동아일보〉 신춘문예 시조 당선.

타블라라사에 족적을 남긴 흉노, 코로나19에게 곤장 일 겁 대

윤향기

가문도 없는 천한 것이 어찌 감히 동거를 꿈꾸었다더냐

1991년《문학예술》로 등단. 저서『태도가 뮤지컬이 될 때』외 다수.

풍란

이규원

잎이 자라면 자랄수록 중력은 멀어진다
무중력을 읽어내야 하는 돌은 버거운 중심
열대야에 나는 축 처질 수밖에 없었다
바람이 와서 슬쩍 건드렸지만
하나도 놀라지 않았다

꽃이면서 생존인 동시에
생존이면서 상징이었을까
그것을 피우기 위해 안쪽에 끝까지 몰입해야 했다
그러나 당신은 당신이 만든 바깥 속에
절반의 우울과 절반의 슬픔을 가득 채워 놓고
보름째 돌아오지 않았다

말라가는 것은 잎이 아니라 그리움이었다
죽은 뒤의 독백은 늘 중얼거림으로 끝나고
다시 허공은 부재를 기억했다
기다린다는 것은 망부석이 되는 것
절개 같은 고상한 말은 연습해볼 필요 없다
오로지 한 곳만을 응시하는 끈질긴 본능
고독까지 가둘 화두는 끝내 피어나고
이내 향기 속에 나는 당신 없는 나를 용서하고…

2015년 《열린시학》으로 등단. 시집 『옥수수 밭 붉은 바람소리』. 열린시학상, 2021년 《시조시학》 신인상. 시조집 『가까이 앉으라는 말』.

닮아지는 것들

이지엽

1. 비누
자신의 몸을 지워 더러운 곳 씻어주니
비누는 성자聖者다 예수나 석가 같은
때 닦고 향기까지 남아도니 하늘까지 맑아진다
한데다 내몰지 마라 쓰고 나서 함부로 던지지 마라
아파도 끝내 지키는 자리 종장 첫 음보가 거기 있다

2. 신발
언제나 짓눌리는 슬픔으로 네가 산다
바닥까지 다 닳아지며 그 무게를 홀로 견딘다
코 막고 쓸리는 살갗 피가 도는 아픔이라도
누군가 앓는 소리가 들려 나가보니 어머니였다

3. 책
헤져서 다 낡아진 책에서는 백제의 냄새가 난다
스름스름 큼큼한 수십 겹의 인내 같은
얼굴도 더러 뭉개져도 웃는 운주사 석불 같은
가다가 여린 속살에서는 동자승 애린 살결이 아팠다

1982년 《한국문학》 백만원 고료 신인상에 시 「촛불」 外. 1984년 〈경향신문〉 신춘문예 당선. 시집 『씨앗의 힘』, 『샤갈의 마을』, 『다섯 계단의 어둠』. 시조집 『해남에서 온 편지』, 『떠도는 삼각형』, 『북으로 가는 길』.성균문학상, 평화문학상, 한국시조작품상, 중앙시조대상, 유심작품상 등 수상. 현재 계간 『열린시학』, 『시조시학』 편집주간, 계간 『한국동시조』 발행인, 경기대학교 국어국문학과 교수. 시에그린한국시화박물관장.

멀어져가는 것들의 소묘

이형남

아버지 이름 위에 하얗게 눈이 쌓여

댓잎 쓱쓱 그려 놓은 수탉의 홰치는 소리

다도해 아득한 섬들이

삼동 내내 떠오릅니다

2011년 《시조시학》으로등단. 시조집 『쉼표, 또 하나의 하늘이다』, 『꽃, 광장을 눕치다』. 동시조집 『나무 이발사』. 한국가사문학대상 수상.

워리피플

임미리

과테말라 먼 나라에서 워리피플이 왔어
손가락 마디만 한 인형들을 만져보며 씨익 웃어주었어

세상의 이치라는 것이 때론 이해가 되지 않지만
공기 한 박스 보내라며
오랜만에 한 전화를 끊는 사람의 무심한 주문처럼
모든 것들이 낯선 세상이 되어버렸어.

세상은 보이지 않는 바이러스에 서서히 침식당하고
우리는 두 눈만 깜박거리고 있어.
그동안 너무 많은 직설적인 입들이 세상의 귀를 침식했지.
이제는 참혹한 대가를 치르느라 귀를 기울이지만
소통되지 않은 언어들이 난무하여 서로 고성만 오가고 있어.

바람이 지나가는 자리에 능소화 지고
저만큼 멀어져 가는 사람의 뒷모습이 쓸쓸해지는 오늘,
먼 나라에서 온 워리피플에게 근심 한 줌을 훔쳐주니
그 작은 눈이 윤슬처럼 반짝이네.

우리 모두는 먼 바다의 외로운 섬처럼
홀로 견디는 법을 배우고 있다네.

2008년 《열린시학》으로 등단. 시집 『물고기자리』, 『엄마의 재봉틀』, 『그대도 내겐 바람이다』.

부의 봉투 속에 한 줌 꽃씨

장기숙

호미질 슬렁슬렁 꽃씨를 뿌린다
채송화 메리골드 봉숭아 해바라기
새까만 껍질 속의 숨결
오색 꽃물 봉긋하리

까무룩 겨울잠 든 내 안 작은 글 뜨락도
볕뉘 한 줌 버물려 한 톨 씨앗 심는다
별 닮은 애기나팔꽃
풀벌레 소리 스며든

바람이 허리 감아 줄기 사뭇 휘어져도
넝쿨손 짙푸른 숲 은종 소리 울리고파
붓 끝에 올곧게 맺은
봉오리를 꿈꾼다

2003/2020년《열린시학 · 시조 》수필 신인상. 시조집 『꿈꾸는 침묵』, 『널문리의 봄』. 경기도문학상, 열린시학상, 여성시조문학상 수상.

이상한 동거

정영희

비탈길 소나무가 바위를 꽉, 끌어안고 있다

나무의 중심에 콕 박힌 바위와 바위를 품고 키를 낮춘 소나무 아무 상관없는 것끼리 한 몸이다

걸림돌이 버팀돌이 되기까지 서로 품을 수밖에 없었던 상황 직감적 추리는 전혀 다른 방향을 지시한다

명命을 이어주는 물과 나무가 아니라
흙과 나무가 아니라
나무와 돌의 공생관계 때문이 아니라
어느 심술바람의 묘수
명쾌 아니면 낭패

부유하는 씨앗들이 돌 틈으로 스며들 듯 어쩔 수 없는 관계의 요지경은 오류의 반복에서 시작된다

산비탈에서 한 몸인 소나무와 바위 큰바람도 비켜갈 단단한 벽이다

2007년 《열린시학》으로 등단. 시집 『바다로 가는 유모차』. 열린시학상, 전국계간지우수작품상, 공간시낭독회문학상 수상.

미련하게

정옥선

개복숭아 한 그루가 아직도 혼자 남아서

미련한 그림자를 집으로 들여놓는다

갈라진 마루 틈으로
꾹꾹 쌓이는 먼지들

메마른 사연들이 기억하며 밀려올 때

그녀의 뒷모습은
뭉개지듯 사라졌다

모른 척 고꾸라지는 가을빛이 부럽다

2014년《시조시학》으로 등단. 시조집『딴죽』. 열린시학상 수상.

꽃신

표문순

시동을 끄고 있는 타이야표 보생 고무신

누벼왔던 바퀴의 새까만 이력들이
찰지게 해지지 않는 걸음으로 재생됐다

아버지의 도로에서 찔꺽찔꺽 들려오던
축축한 소음들을 꽃밭으로 일궈놓은

그녀의 얌전한 문장 해바라기꽃 두 켤레

2014년《시조시학》으로 등단. 시조집『공복의 구성』. 나혜석문학상, 열린시학상, 한국시조시인협회 신인상 수상.